Comment faire son Bullet carnet

LA MÉTHODE ILLUSTRÉE PAS À PAS

par Rachel Wilkerson Miller

MARABOUT

Vance
Friday, 20180105

Titre original : *Dot Journaling – A Practical Guide: How to start and Keep the Planner, To-Do List, and Diary That'll Actually Help You Get Your Life Together*

Éditeur original : The Experiment, LLC, New York

Traduit de l'anglais par Emma Troude-Beherégaray

SOMMAIRE

“

Le désir de consigner les événements éphémères de ma vie, qui, bien qu'ils soient peu importants pour d'autres, possèdent naturellement un grand intérêt pour moi et dont il me sera agréable d'avoir un souvenir, m'a amenée à commencer ce journal. J'ai le sentiment que tenir un journal sera une manière agréable et bénéfique d'employer mon temps libre et m'offrira beaucoup de plaisir par la suite, en ravivant dans mon esprit le souvenir de journées passées ; la pensée d'amis bien-aimés avec lesquels je passe présentement des heures heureuses à faire de délicieuses promenades et à entretenir de douces conversations, mais de qui je pourrais être séparée ; les livres intéressants que j'ai lus ; et les personnes, choses et endroits différents que je suis amenée à voir. En outre, cela me permettra certainement de juger avec justesse du développement et du perfectionnement de mon esprit d'année en année.

CHARLOTTE FORTEN GRIMKÉ

dans son journal, mai 1854

Putain, j'ai ma remise de diplôme dans 4 jours
et je suis toujours VIERGE !!!

MOI dans mon journal, le 29 mai 2003

”

INTRO

J'ai commencé mon premier journal intime quand j'avais 9 ans, à la fin de l'école primaire. Puis, tout au long du collège, du lycée, de l'université et au début de la vingtaine, j'ai écrit presque tous les jours, remplissant cahier sur cahier de mes pensées et mes observations. (Et mes crush. *Tellement de crush.*) J'utilisais aussi un agenda papier et j'écrivais des *to-do lists* tous les jours, bien après que les applications et sites Internet avaient rendu tout ça inutile.

Dans la seconde partie de ma vingtaine, j'ai écrit de moins en moins dans mon journal, puis j'ai complètement arrêté. En partie parce que c'était mon boulot à plein temps d'écrire et qu'en plus je tenais un blog. Mais je partageais aussi mes pensées avec mes amis par sms, chats et e-mails tous les jours et je n'avais pas envie de tout réécrire le soir dans un cahier. Et, même si j'écrivais encore des *to-do lists* tous les jours dans un calepin, ce n'était pas une pratique que j'entretenais consciemment ou qui me donnait vraiment du plaisir.

Voilà donc où je me trouvais de mon parcours « d'écrivaine de journal » quand j'ai commencé à m'intéresser au Bullet carnet il y a deux ans. J'ai entendu parler de quelque chose appelé le « Bullet Journal » pour la première fois sur le blog de mon amie Jessica en décembre 2015 et j'étais intriguée. Au début, j'ai pensé que c'était une sorte de nouvel agenda ou *organizer* à acheter et j'ai pensé : « Génial, j'adore acheter de nouveaux trucs ! » Mais quand j'ai été sur le site officiel géré par le créateur de ce carnet, Ryder Carroll, je suis restée perplexe. Non seulement ce n'était pas quelque chose à acheter, mais en plus je n'arrivais pas à comprendre exactement ce que c'était. Quand j'ai entendu « Journal », j'ai pensé « journal intime », mais cela semblait être... une *to-do list* ? Et aussi... un agenda ? Ou... quelque chose comme ça ? Il y avait des listes à puces et beaucoup de mots et d'expressions que je ne connaissais pas, ainsi que des photos de pages de journal extrêmement simples qui semblaient avoir très peu à voir avec les belles pages élaborées et créatives que je voyais sur Instagram, pages qui étaient aussi (apparemment ?) issues de Bullet Journal®. Beaucoup de gens semblaient utiliser des carnets à points pour faire... ce truc qu'il faisait, mais ce type de papier ne semblait pas être indispensable. Je n'arrivais pas à comprendre quelles étaient les règles ou le but exact de ce truc, non plus. J'ai fini par abandonner.

Mais après m'être renseignée et m'être rendu compte que mes amis avaient aussi entendu parler de ce nouveau type de carnet et ne comprenaient pas non plus ce que c'était, je me suis résolue à percer ce mystère. En fait, c'est un concept extrêmement simple qui est *remarquablement* difficile à expliquer, en partie parce que « fais les choses à ta manière » en est un aspect majeur : tout le monde le fait un peu différemment et il n'y a pas de vraies règles. Avec le temps, Internet a transformé l'idée de base (utiliser des symboles simples et des carnets à points pour noter les choses les plus importantes) en ce que j'ai fini par appeler la « méthode Bullet carnet »... c'est-à-dire une version créative, colorée, solide et (attention, ceci est à prendre avec de très grandes pincettes) digne de Pinterest du concept original.

J'ai commencé à pratiquer cette méthode le 1er janvier 2016 et j'en suis rapidement tombée amoureuse. Je ne m'étais pas rendu compte que c'était exactement ce dont j'avais besoin : un cahier unique qui incluait toutes mes *to-do lists*, m'aidait à rester organisée, était un exutoire créatif et me ramenait à mes racines, le journal intime ; j'étais absolument ravie de découvrir que j'arrivais à y écrire tous les jours sans problème. Et, dans ce livre, je te montrerai comment commencer à faire ton Bullet carnet et comment en faire une habitude (ou une addiction ?) pour toi aussi.

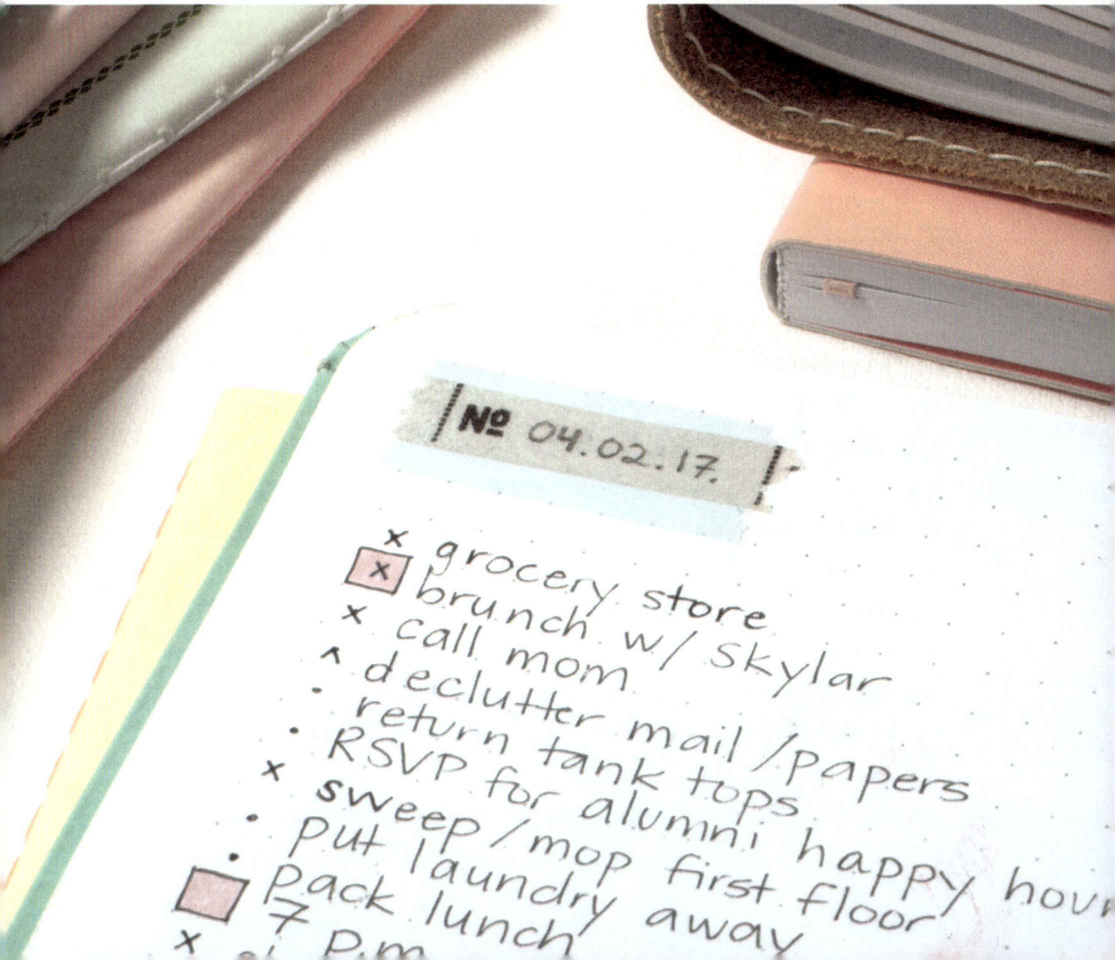

QU'EST-CE QU'UN BULLET CARNET, EXACTEMENT ?

Un Bullet carnet est un système qui permet de noter toutes les choses qu'on veut se rappeler dans un seul carnet : les choses qu'on veut ou doit faire, les choses qu'on a déjà faites et les pensées ou observations, pour tous les aspects de sa vie (travail, maison, couple, passe-temps, etc.). Quand on écrit dans son carnet (qui peut être le type de carnet qu'on veut), on note tout rapidement en utilisant des mots et des expressions courtes (plutôt que d'écrire des phrases entières) et on distingue chaque élément grâce à une poignée de symboles simples (au fait, le symbole le plus utilisé est un point ou puce, *bullet* en anglais, d'où le nom) pour pouvoir classer les informations rapidement et les retrouver plus tard. Outre ces symboles, on utilise aussi certaines méthodes d'organisation très basiques : des dates, des numéros de page, des titres, des sujets ou catégories et un index.

La méthode Bullet carnet est géniale pour consigner tout ce qui est important et pour prendre sa vie en main, au propre comme au figuré.

Tu me suis toujours ? Plus ou moins ? Parfait.

On commence avec un cahier vierge. Ce cahier peut avoir des pages blanches, lignées, quadrillées ou à points. *Le plus important, si tu veux le créer de A à Z, c'est qu'il n'y ait aucune forme de texte déjà imprimé qui te dise quoi écrire et où l'écrire :* pas de dates déjà écrites, pas de calendrier hebdomadaire ou par heures, pas d'en-tête du type « Écris ta *to-do list* ici » avec des lignes numérotées en dessous, etc. (Les numéros de page, par contre, ça va.)

Le problème avec les carnets et les agendas déjà préremplis c'est qu'ils ne peuvent pas anticiper précisément tous tes besoins ou les satisfaire complètement. Ils ne savent pas la taille de ton écriture ou l'espace dont tu as besoin pour écrire une *to-do list* ou un paragraphe de ton journal intime tous les jours. Tu ne sais

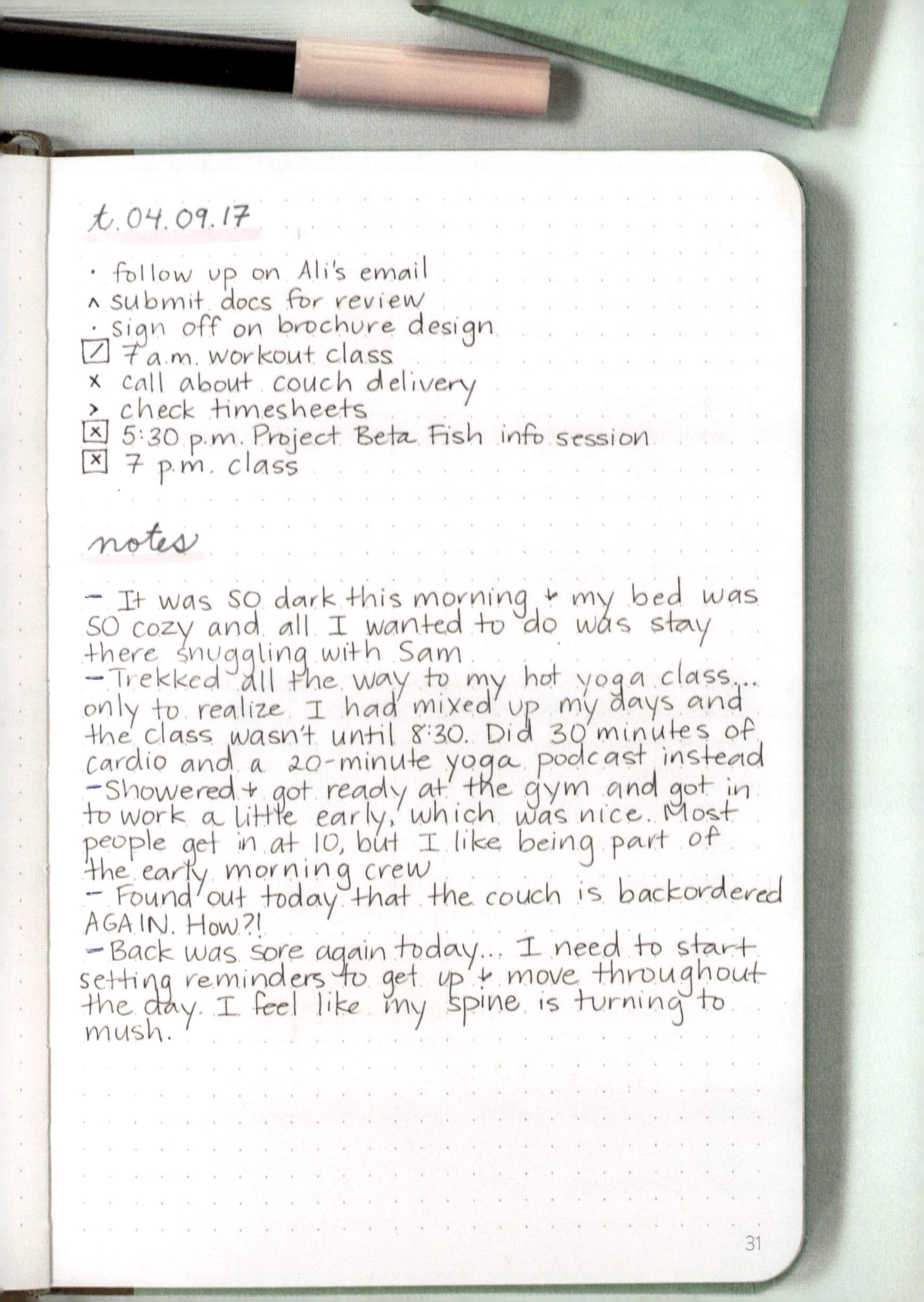
t. 04.09.17
· follow up on Ali's email
^ submit docs for review
· sign off on brochure design
☐ 7 a.m. workout class
× call about couch delivery
> check timesheets
☒ 5:30 p.m. Project Beta Fish info session
☒ 7 p.m. class
notes
– It was SO dark this morning + my bed was SO cozy and all I wanted to do was stay there snuggling with Sam
– Trekked all the way to my hot yoga class... only to realize I had mixed up my days and the class wasn't until 8:30. Did 30 minutes of cardio and a 20-minute yoga podcast instead
– Showered + got ready at the gym and got in to work a little early, which was nice. Most people get in at 10, but I like being part of the early morning crew
– Found out today that the couch is backordered AGAIN. How?!
– Back was sore again today... I need to start setting reminders to get up + move throughout the day. I feel like my spine is turning to mush.
31

pas toi-même de combien d'espace tu auras besoin tous les jours. Peut-être 4 lignes ! Peut-être 4 pages ! Peut-être (sûrement) que ça dépendra des jours. Si le Bullet carnet est si attirant, c'est parce qu'il te donne une structure pour organiser tes pensées. Mais c'est toi qui choisis comment tu veux que ce truc – cet *organizer*/journal intime/cahier – fonctionne et à quoi il va ressembler. Et plutôt que d'essayer de savoir déjà tout à l'avance (ce qui serait impossible), tu crées seulement les premières pages, puis plus de pages à mesure que tu avances, où que tu te trouves dans le cahier.

QUESTION : UN BULLET CARNET EST-IL UNE *TO-DO LIST*, UN *ORGANIZER* OU UN JOURNAL INTIME ? RÉPONSE : *OUI*

C'était ma plus grande question avant de commencer un Bullet carnet et ça m'énervait quand les gens disaient que c'était toutes ces choses. Mais c'est bien tout cela à la fois !

Les *organizers* et les *to-do lists* se concentrent en général sur ce qu'on va faire et les journaux intimes tendent à se concentrer sur les choses qu'on a déjà faites. Mais combiner toutes ces choses nous donne une image plus complète de qui on est. Avant de commencer mon Bullet carnet, je n'arrivais pas à comprendre comment je pouvais écrire mes tâches professionnelles, mes *to-do lists* personnelles et mon journal intime au même endroit. (Même au début, quand j'ai commencé, je me disais que j'allais utiliser mon Bullet carnet comme un journal intime, mais pour rien de professionnel ; cette approche a duré, genre, deux semaines.) Mais le système de carnet que j'utilise me permet d'organiser facilement les différentes parties de ma vie de manière logique dans un seul carnet. Et surtout, maintenant je comprends *pourquoi* c'est logique de le faire de cette manière.

Y a rien à voir
par ici !

Quand je repense à mes vieux journaux intimes, je suis toujours étonnée de voir tout ce que j'ai omis. J'ai beaucoup écrit à propos de garçons et beaucoup moins à propos de l'école, de mes amis, de livres que je lisais, d'argent, des objectifs que je poursuivais ou simplement de ma routine quotidienne. Mes *to-do lists* ont peut-être contenu ce genre d'information, mais je n'ai pas pris la peine de les garder parce que je ne pensais pas qu'elles étaient importantes. Mais depuis, je me suis rendu compte que nos tâches, habitudes et routines révèlent en fait beaucoup de choses sur nos priorités, nos aspirations et notre identité. Le Bullet carnet nous aide à nous rappeler tout ce qui se passe dans notre vie et permet de ne pas perdre le fil de tout ce qu'on veut faire à l'avenir.

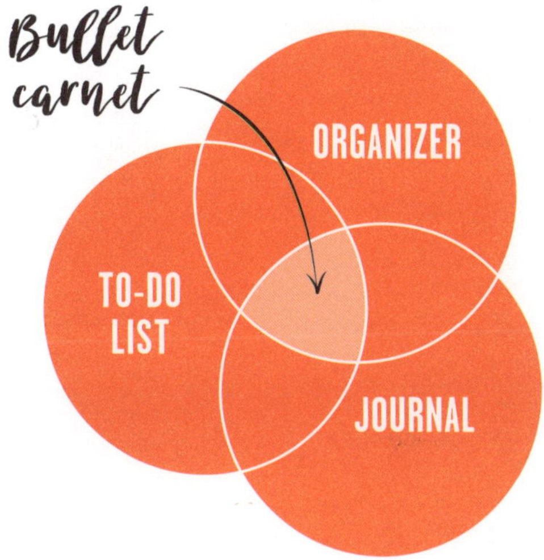

Le Bullet carnet est fait pour...

- Ceux qui aiment écrire des *to-do lists* sur papier
- Ceux qui ont un million de *to-do lists* volantes
- Ceux qui aiment vraiment se fixer des objectifs
- Ceux qui aiment la papèterie, écrire dans un carnet, le scrapbooking, les beaux stylos, etc.
- Ceux qui adorent les *organizers*
- Ceux qui veulent adorer les *organizers* ou qui veulent être plus organisés
- Ceux qui veulent vraiment écrire un journal ou dans un carnet, mais qui ont du mal à s'y tenir.

Mais aucun de ces critères n'est absolument indispensable pour apprécier la pratique du Bullet carnet. En fin de compte, le Bullet carnet (et ce livre) est fait pour tous les gens chouettes qui veulent enfin réussir à noter des trucs et abattre du taf.

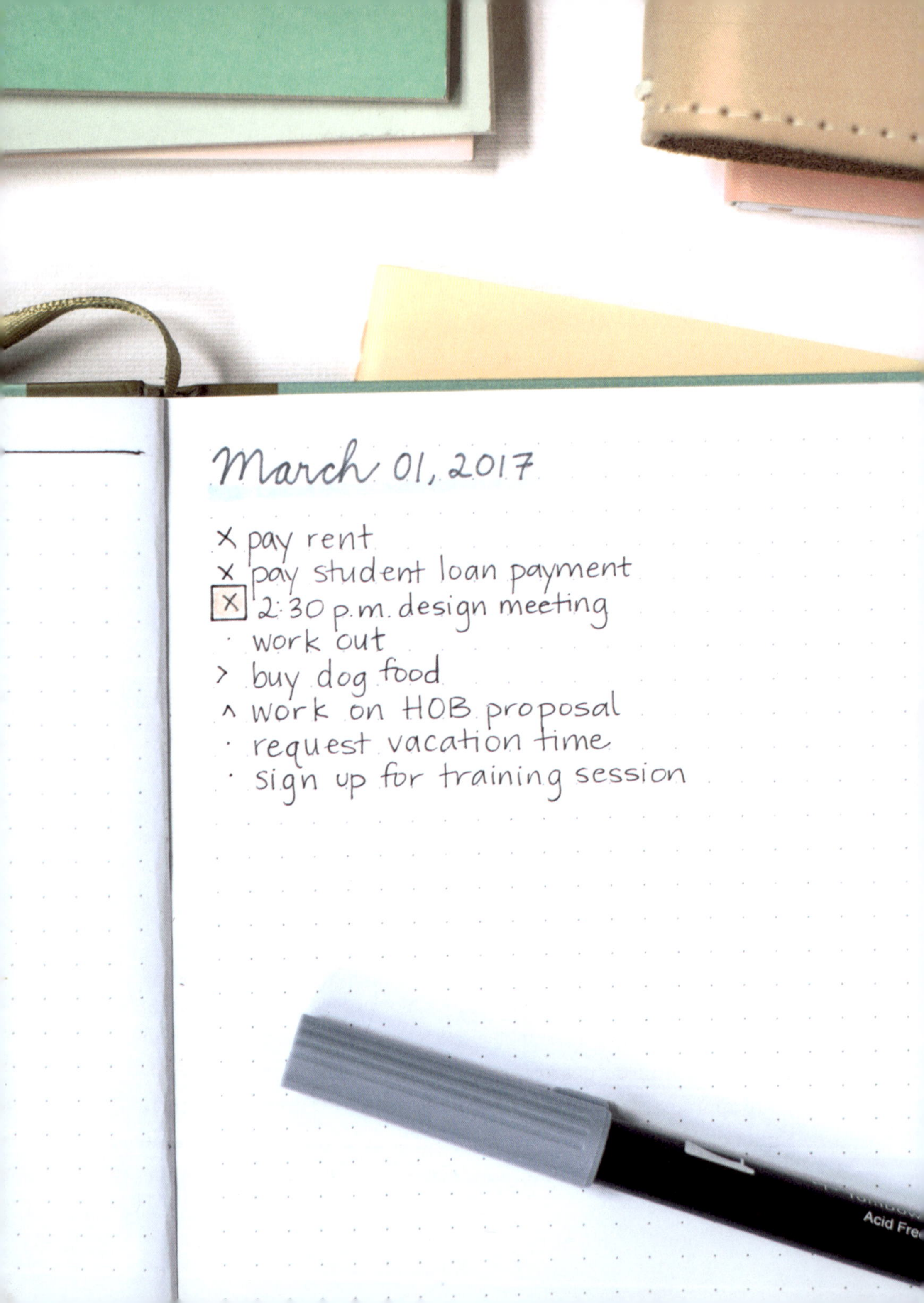
March 01, 2017
x pay rent
x pay student loan payment
2:30 p.m. design meeting
· work out
> buy dog food
^ work on HOB proposal
· request vacation time
· sign up for training session

À PROPOS DE CE LIVRE

Ce livre t'explique exactement ce qu'est un Bullet carnet, te montre quelques exemples populaires de la manière dont les gens utilisent ce système, te donne des idées pour mettre en place ton propre carnet, répond aux questions les plus communes que les nouveaux « utilisateurs » se posent et fournit des astuces pour intégrer le Bullet carnet à ta vie. Que ce concept soit complètement nouveau pour toi ou que tu tiennes déjà un Bullet carnet depuis un moment, ce livre est fait pour toi.

L'un des meilleurs aspects du Bullet carnet (et l'une des raisons principales de son succès) est son adaptabilité. Une fois qu'on comprend le concept de base, il existe d'innombrables manières d'utiliser ce système. D'ailleurs, tout dans ce livre devrait être pris comme une suggestion amicale, pas comme une obligation ; en réalité, les « règles » ne sont que des recommandations et tu devrais te sentir libre d'utiliser ton carnet de la manière qui est la plus logique pour *toi*.

Il existe autant de styles de Bullet carnets différents qu'il y a de personnes utilisant un Bullet carnet. De nombreux enthousiastes passent beaucoup de temps à rendre leurs pages absolument magnifiques et voient le Bullet carnet comme un exutoire ou un passe-temps créatif. Mais la plupart des gens ont une approche simple/minimaliste/bordélique et ça marche aussi. (Sans rire, quelqu'un commence une conversation du type : « Appel à tous ceux qui ont une écriture horrible et dont le carnet n'est pas assez parfait pour Pinterest ! » au moins une fois par semaine dans le groupe Facebook consacré à l'écriture de carnets dont je fais partie, et il y a toujours des tas de réactions positives.)

Mon but était de créer, pour ce livre, des présentations de Bullet carnet assez simples pour déclencher ta créativité et assez jolies pour que tu prennes plaisir à les regarder. Mais rappelle-toi que les pages de carnet que tu vas voir tout au long de ce livre ne sont pas *réelles*. Elles contiennent des scénarios, des tâches et des gens fictifs et ont été conçues pour rendre bien sur les photos. J'ai écrit doucement pour que mon écriture soit jolie. Quand je faisais des erreurs en travaillant dessus, je recommençais, parce que c'était littéralement mon job de les rendre parfaites. Je te promets, mon vrai carnet contient beaucoup plus de corrections à la souris, de lignes de travers et de gros mots. Et le tien sera sûrement pareil.

Tout au long de ce livre, j'utilise les mots *carnet* et *cahier* sans distinction en référence à l'objet physique lui-même. J'abrège *Bullet carnet* en *carnet*. *Papier à points* et *carnet à points* sont ce que j'appelle des cahiers dont les pages ressemblent au papier quadrillé, mais marquées par des points plutôt que des lignes. Quand je dis *agenda* ou *organizer*, je parle du carnet qui, en général, contient des pages préremplies et dans lequel les gens peuvent généralement suivre le fil des événements avec une date ou un horaire précis et des tâches qu'ils doivent faire un jour donné. J'utilise aussi bien *agencement* que *mise en page* quand je traite des manières d'organiser l'information sur les pages du Bullet carnet. Et quand je dis *journal*, je fais référence à l'objet et au type d'écrit qui rapporte des interactions et des expériences quotidiennes à la première personne, souvent avec des commentaires supplémentaires. (Tu sais bien, le genre de choses qui pourrait commencer par « Cher journal… »)

« POURQUOI PRENDRE LA PEINE DE LE FAIRE ? »

Au premier abord, le Bullet carnet peut sembler compliqué et tu n'en vois peut-être pas l'intérêt. Mais j'aimerais t'expliquer pourquoi tu devrais prendre la peine de le faire. (Ou du moins pourquoi je prends la peine de le faire.)

Premièrement, le Bullet carnet est une excellente manière d'être plus organisé. Outre le fait qu'être organisée me permet d'occuper un emploi rémunéré, c'est aussi une manière de prendre soin de moi. Parce que, réfléchis : ne pas s'en sortir, oublier de faire des tâches importantes, perdre des documents et des informations sensibles, arriver tout le temps en retard, s'inquiéter pour ses dépenses, tout ça n'est pas très drôle. C'est *stressant*. Être organisé est donc un moyen de supprimer l'anxiété superflue de ta vie. Suivre de près ta vie quotidienne te permet aussi de comprendre exactement ce qui favorise la bonne humeur et la bonne santé chez toi (et ce qui favorise *mauvaise* humeur et *mauvaise* santé), ce qui t'aide à accomplir tes buts et à être au meilleur de ta forme.

En plus de satisfaire mes propres besoins, je vois l'organisation comme un cadeau que je fais aux autres. Plus je vieillis, plus je comprends que mes décisions personnelles et mon humeur générale ont des conséquences importantes sur mon entourage. Et quand je ne fais pas les choses importantes (que ce soit payer une facture, préparer une réunion, arriver à l'heure ou aller chez le docteur), ça *compte*. Être organisé est donc un moyen de dire aux gens auxquels je tiens : « J'accorde de l'importance à ton temps, je reconnais qu'on est tous les deux dans le même bateau et je veux faire de mon mieux pour toi. »

Deuxièmement, le Bullet carnet (comme tout journal intime ou carnet) est un moyen de comprendre qui tu es et de saisir la logique du monde autour de toi. Un Bullet carnet permet de répondre plus facilement aux questions importantes : aussi bien « À quelle heure j'ai ce rendez-vous ? » que « Est-ce que j'ai envoyé ma déclaration d'impôts ? » et aussi « Est-ce que j'ai un rapport malsain à la nourriture/un crush/*Grey's Anatomy* ? » Dans un monde chaotique plein de bruit où le cynisme ne manque pas, avoir un petit espace à soi et seulement à soi, où l'on peut partager franchement ses instants les plus intimes et ses pensées les plus profondes (ou les plus superficielles) sans peur d'être jugé, est une chance unique et magnifique. Nos carnets sont souvent le premier endroit où on peut dire ces choses-là ; parfois, c'est le *seul*.

Écrire sur soi et sur sa vie (même quelques notes courtes) est un énorme privilège et cet exercice peut être extrêmement libérateur. Écrire dans un journal est, par essence, déclarer que notre voix compte. Si tu es une de ces nombreuses personnes à qui la société dit le contraire, prétend que tu devrais être plus discret, qu'exprimer tes propres besoins te rend égoïste ou « fou », que tu existes principalement pour prendre soin des autres, alors choisir de dire ta vérité peut être un acte très fort. C'est une manière de dire : « Je suis plus que le second rôle dans l'histoire de quelqu'un d'autre ; je suis le héros de cette histoire et ce que je fais, dis, pense et ressens a de la valeur. » Et trouver ta voix en privé te permet de la trouver plus facilement en public.

Alors, peut-être qu'un Bullet carnet te permettra de répondre aux grandes questions qui font peur sur qui tu es et ce que tu veux de la vie. Ou peut-être qu'il t'aidera juste à payer ta facture de télé à temps. Quoi qu'il en soit, je pense que ça vaut le coup d'essayer.

TROIS CONSEILS POUR COMMENCER

1. **Fais simple, surtout au début.** Il existe tellement de possibilités merveilleuses pour faire un Bullet carnet que ça peut être tentant de foncer et de commencer par des mises en page compliquées et colorées dès le début. Mais trop te concentrer sur l'apparence de ton carnet te poussera à être plus facilement débordé et, en fin de compte, à abandonner. Quand j'ai commencé mon premier Bullet carnet, je me suis forcée à faire hypersimple pour vraiment m'y tenir. Après un mois, quand j'ai été sûre que je n'allais pas perdre cette habitude, je me suis sentie plus sûre de moi pour ajouter de la couleur. Après environ six semaines, j'ai commencé à faire des plannings de la semaine plus complexes. Mais si j'avais tout fait à la fois, je ne suis pas sûre que j'aurais continué.

2. **Entraîne-toi un peu à l'avance.** Si la vue d'une page blanche te remplit à la fois de joie intense et d'anxiété accablante et si tu détestes faire des erreurs au stylo, je te conseille de t'asseoir avec 2 feuilles de papier brouillon quand tu auras fini ce livre et de mettre sur le papier les agencements que tu veux essayer sur les premières pages de ton carnet, avant de commencer à les créer pour de vrai. (Tu peux aussi utiliser des Post-it pour organiser le

contenu que tu imagines pour chaque page.) Néanmoins, n'essaye pas de planifier tout ton carnet avant de commencer : en gros, c'est impossible, surtout au début. Ce qui m'amène à...

3. Ne réfléchis pas trop ! Quand on crée son premier Bullet carnet, on a souvent l'impression de devoir prendre des décisions qui dureront toute la vie. Mais ce n'est pas du tout le cas. Le Bullet carnet repose sur la flexibilité et la plupart des gens réévaluent leurs plannings tous les mois (ou toutes les semaines) pour décider de ce qui marche ou pas. Une fois que tu te donnes la permission de changer d'approche dès que tu en as envie et d'accepter que ton Bullet carnet ne sera pas parfait (et que son apparence au premier jour sera sans doute différente de son apparence au soixantième jour), c'est *beaucoup* plus facile de commencer (et de continuer).

CHAPITRE 1

Les bases

Entendre quelqu'un parler de Bullet carnet peut donner la même impression qu'entendre quelqu'un parler dans une langue étrangère. « D'accord, mais punaise, c'est quoi, un calendex ? » penses-tu en faisant défiler sur Instagram des photos d'agendas magnifiques dessinés à la main et pleins de symboles étranges que tu ne connais pas. « Pourquoi elle ne fait que parler de *daily log* comme si je savais ce que ça veut dire ? » t'étonnes-tu face à ton amie récemment devenue obsédée par le Bullet carnet, qui essaye maintenant de te pousser à t'y mettre. Et, tu sais, je comprends. La première fois que j'ai entendu parler de ce système, j'ai abandonné après 2 minutes parce que je me sentais perdue et débordée par la terminologie. Alors commençons par une leçon de vocabulaire[1].

[1] La terminologie du Bullet carnet est souvent en anglais ; les utilisateur.rice.s de la méthode Bullet emploient de façon indifférenciée et selon leurs goûts un vocabulaire varié, représenté au mieux dans ce livre. *(N.d.E.)*

Bullet carnet : méthode de planification, de rédaction de carnet et de prise de notes qui consiste à écrire des expressions ou des phrases courtes et rapides et de les distinguer à l'aide de symboles simples pour les classer et garder le fil facilement. Quand on écrit dans un Bullet carnet, l'idée est que chaque élément soit très bref, même si on est en train de traiter quelque chose de très important et dramatique. (Faire bref te permettra d'être plus enclin à vraiment noter des trucs. Mais ! Si tu veux, tu peux développer ces éléments sur la page suivante par des phrases complètes comme tu le ferais dans un journal intime classique.) Les éléments qu'on note rapidement dans un Bullet carnet appartiennent le plus souvent à 3 catégories différentes : tâches, événements et notes.

Tâches : choses qu'on doit faire ou qu'on a déjà faites.

Événements : choses qui vont avoir lieu ou ont déjà eu lieu.

Notes : pensées, observations et, en gros, tout ce qui n'est ni une tâche ni un événement.

Point : le symbole principal à utiliser quand on note des éléments dans son Bullet carnet ; cela signifie : « c'est une tâche à faire ».

Agencement (ou *layout*) : la manière dont les informations sont organisées sur une page (ou sur plusieurs pages) dans un Bullet carnet ; utilisé sans distinction avec « mise en page ». Les agencements peuvent être compliqués, artistiques, sophistiqués ou ils peuvent juste consister en de bonnes vieilles listes. Dans tous les cas, ils sont souvent définis pour une période de temps spécifique (comme « cette semaine ») ou pour un sujet précis (« les livres que je veux lire ») ; ça peut être aussi un peu des deux (« ce que je dois lire cette semaine »).

Titre : le mot ou l'expression qu'on écrit quelque part sur une page (souvent en haut) et qui définit le thème (par exemple « le 25 mars 2017 » ou « Mes ennemis »). Est aussi appelé « en-tête ».

Calendex : un calendrier de l'année dans son ensemble où on peut marquer des événements, buts et choses à faire sur le long terme.

Planning du mois (ou *monthly log*) : un calendrier mensuel + des choses qu'on doit faire ce mois-ci + des choses qu'on a oublié de faire le mois dernier.

Planning de la semaine (ou *weekly log*) : un calendrier hebdomadaire + des choses à faire cette semaine + des choses qu'on a oublié de faire la semaine dernière.

Planning du jour (ou *daily log*) : choses qu'on a faites et/ou qu'on doit faire aujourd'hui + d'autres observations.

***Tracker* (ou suivi des habitudes) :** page où on note les activités qu'on fait régulièrement. On peut suivre de près ses habitudes au niveau annuel, hebdomadaire, mensuel ou journalier, ou par catégorie ou (eh oui, tu as bien deviné !) un peu des deux.

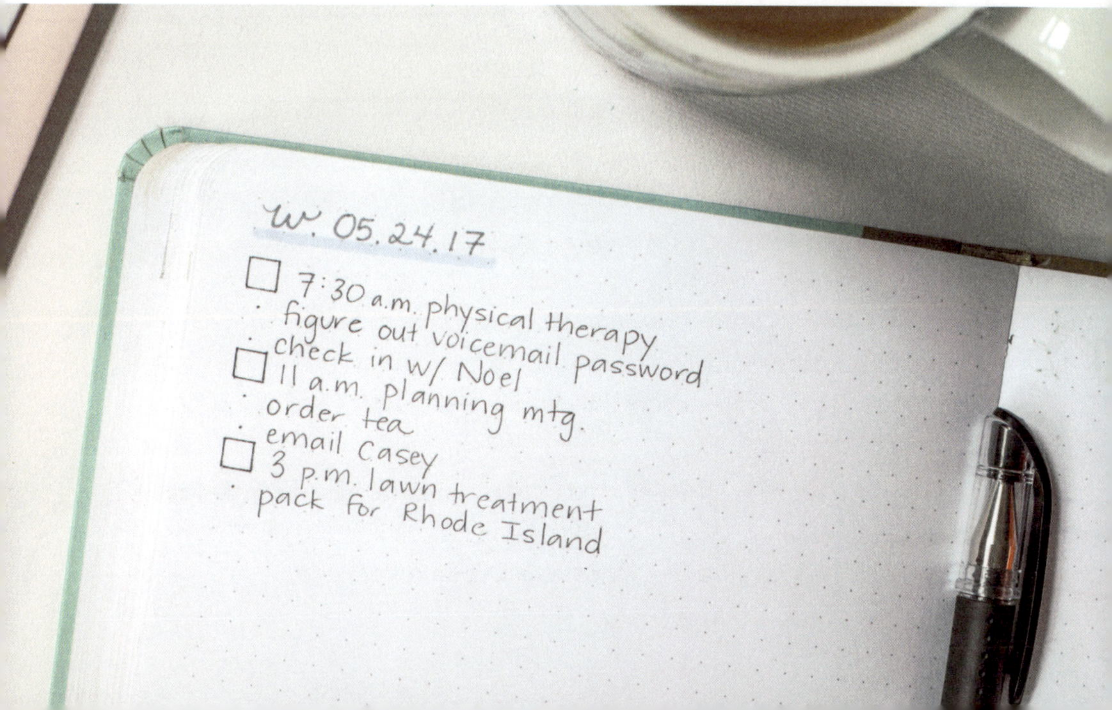

La méthode Bullet carnet, ça veut juste dire créer des agencements, puis y ajouter des informations quand on en a besoin. Quand tu mettras en place ton premier Bullet carnet, tu créeras (très probablement) un planning de l'année et un planning du mois (pour le mois où tu commences). Mais plutôt que d'organiser, par exemple, toutes les pages journalières pour le mois entier dès le départ et d'essayer d'estimer en avance de combien d'espace tu auras besoin chaque jour, tu devrais créer chaque planning du jour le jour même. Tu peux créer des pages sur des sujets ou des

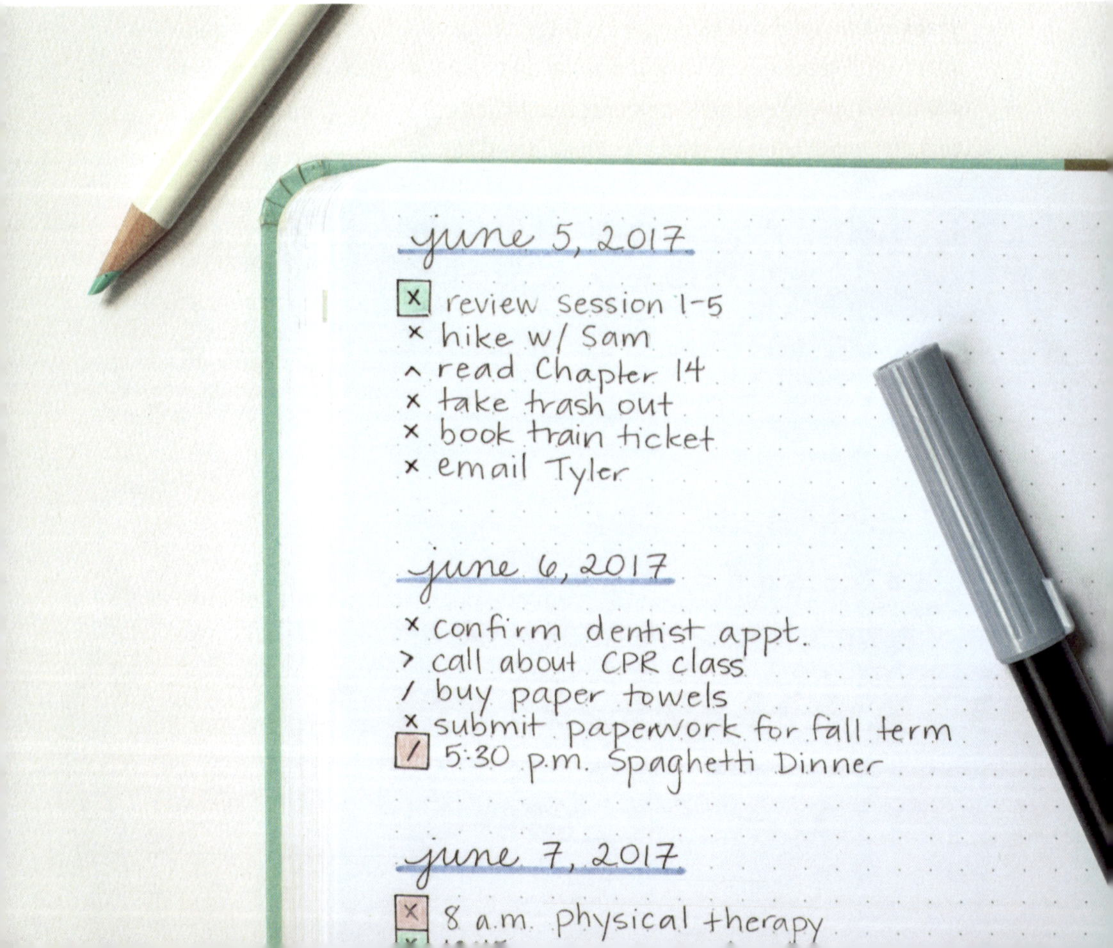

catégories particuliers quand tu commences ton Bullet carnet ou quand tu veux, où que tu en sois dans ton carnet.

Alors, imaginons que tu as un Bullet carnet depuis quelque temps et que tu t'es réveillé ce matin en pensant que tu aimerais vraiment faire une liste de tout ce que tu veux faire pendant le voyage que tu viens juste de commencer à organiser. Super ! Tu vas donc à la page suivante de ton Bullet carnet et écris « Voyage dans le Vermont » en haut (c'est ton titre) et tu commences à noter tes idées en dessous ! Alors, bon, je sais ce que tu penses : « Ici ? Page 27 ? Coincé au hasard entre une page « mardi » et une page « mercredi » ? Dans un cahier qui m'appartient, à moi, qui suis perfectionniste et aime que tout soit parfait ? » Et la réponse est : « Oui ! Juste là ! Page 27, dans ton cahier ! » C'est ce qui distingue un Bullet carnet d'un agenda prérempli. Un *organizer* du commerce, taille unique, ne sait pas que tu auras besoin d'un espace pour une liste de voyage sur cette page précise. Mais ton Bullet carnet te fait : « COUCOU, J'ACCUEILLE TOUTES TES PENSÉES SPONTANÉES ! ÉCRIS JUSTE CE QUE TU AS BESOIN D'ÉCRIRE, OÙ QUE TU EN SOIS DANS LE CAHIER, ET JE FERAIS EN SORTE QUE TU RETROUVES FACILEMENT CETTE INFORMATION PLUS TARD ! » « Mais *comment* je ferai pour retrouver facilement cette information plus tard ? » te demandes-tu... Eh bien ! ça nous amène à...

L'INDEX

L'index est habituellement la première page que tu mets en place dans ton Bullet carnet ; comme tout index de livre classique, c'est une liste de sujets avec les numéros des pages sur lesquelles ils apparaissent. Donc, chaque fois que tu écris quelque chose d'important que tu auras sans doute besoin de consulter plus tard, tu vas à l'index pour écrire le sujet et le numéro de page qui correspondent.

Bon, peut-être que tu penses : « Attends, tu as dit “numéros des pages” ? ». Eh oui ! Une autre caractéristique du Bullet carnet c’est que *chaque page a son numéro*. Si ton carnet n’est pas déjà numéroté, tu peux le faire toi-même. Enfin, tu *peux* numéroter chaque page avant de commencer, mais si tu es aussi paresseux que moi, tu peux numéroter environ 20 pages à la fois – c’est ce que je fais !

De toute façon, quand tu commences ton Bullet carnet, il n’y aura probablement pas grand-chose à mettre dans ton index : tu y retourneras pour ajouter des sujets et leurs numéros de page quand tu commenceras à utiliser ton carnet. Je laisse généralement 2 ou 3 pages libres pour mon index, juste pour être sûre. (Au fait, aucune règle ne dit que l’index doit être au début ; mon amie Nicole le met au dos de son Bullet carnet. Fais comme tu veux, mon vieux !)

Tu n’es pas obligé de *tout* y mettre, mais ça vaut le coup d’ajouter les listes, événements, pages et idées que tu sais que tu voudras sûrement consulter plus tard. Et les éléments de ton index peuvent être aussi spécifiques ou généraux que tu le souhaites. Par exemple, tu peux créer une seule entrée « Voyage », puis écrire le numéro de toutes les pages concernant le voyage en général à cet endroit, ou tu peux classer séparément chaque sujet spécifique relatif au voyage (par exemple « voyage au Texas » et « vacances dans le Vermont »). En ce moment, j’essaye de ne pas faire *trop* dans le détail : après quelques mois, je me suis rendu compte que consigner dans l’index toutes les mentions faites de mes amis proches n’était ni utile ni efficace. D’un autre côté, j’ai récemment commencé à ajouter à mon index une entrée pour chaque semaine et je trouve ça très utile. Mon conseil : tente différentes options et ajuste-les si nécessaire à mesure que tu avances dans ton carnet.

Je n'aurais jamais pensé à ajouter un index dans un journal ou un cahier avant de commencer un Bullet carnet, mais maintenant je trouve que c'est une superidée. Tu créeras sûrement de nouvelles pages importantes au hasard dans ton carnet et c'est génial de savoir *exactement* où elles se trouvent. Ça peut sembler pénible de devoir sans cesse mettre à jour l'index, mais dans quelques mois, quand tu feuillèteras ton carnet pour trouver quelque chose d'important que tu jurerais avoir noté quelque part (et que ton cerveau n'arrêtera pas de te dire: « Tape-le dans la barre de recherche » et que tu te rendras compte que les ordinateurs ont complètement gâché nos fichus esprits), tu seras content d'avoir un index.

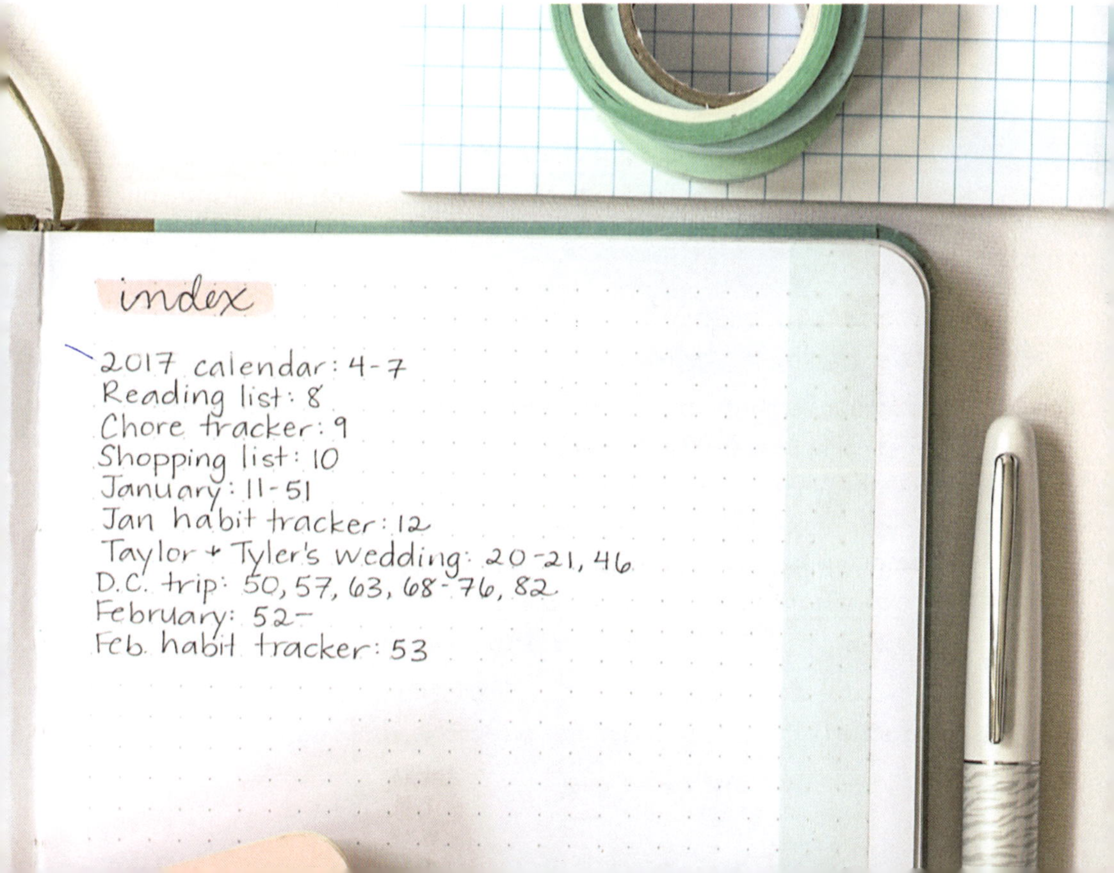

L'INDEX LE PLUS MESQUIN

Mme Betsey Fremantle (née Wynne) a tenu des journaux intimes toute sa vie aux XVIIIe et XIXe siècles, journaux ensuite publiés par son arrière-petite-fille Anne Fremantle. L'index du tome I, préparé par Anne, contient l'entrée suivante :

> aversion pour la famille Bombelles, 119, 157, 164, 165, 170, 174, 175, 177-9, 183, 184, 186, 187, 190, 191, 202, 207, 208, 211, 213, 220, 224, 225, 229, 230, 231, 235, 236, 254, 260, 261, 271

Je ne suis pas en train de dire que tu devrais créer une entrée dans ton index chaque fois que tu dis du mal de quelqu'un ou de quelque chose… mais je ne suis pas non plus en train de dire que tu ne devrais *pas* le faire.

LES SYMBOLES

Les symboles sont l'un des aspects essentiels de ce qui fait qu'un Bullet carnet est… un Bullet carnet. Les symboles qui suivent sont ceux que je trouve les plus utiles et que tu verras tout au long de ce livre.

Fais un **point** devant les choses que tu dois faire.

Trace un **x** au-dessus du point pour distinguer les tâches déjà accomplies.

Note le **signe inférieur** (<) au-dessus du point pour montrer que cette tâche a été programmée ou écris le **signe supérieur** (>)

pour montrer que cette tâche a été migrée, c'est-à-dire que tu ne l'as pas terminée aujourd'hui, cette semaine, ce mois-ci, et que donc tu l'as déplacée dans la liste d'un autre jour, semaine, mois. Tu peux migrer le même élément autant de fois que tu veux jusqu'à ce que tu le fasses (ou jusqu'à ce que tu te dises « Bon, je ne vais jamais le faire » et que tu laisses tomber). Bien sûr, ça ne m'arrive jamais. P.-S. : Tu remarqueras qu'il est facile de transformer chacun de ces symboles en un **x** lorsqu'une tâche est terminée.

Ajoute un accent **circonflexe** (ˆ) au-dessus du point quand tu as commencé une tâche. (Parce que même si tu ne la termines pas, c'est chouette d'avoir l'impression que tu as fait *quelque chose*.)

Utilise un **tiret** pour des idées, notes et observations brèves, ou pour des événements moins importants.

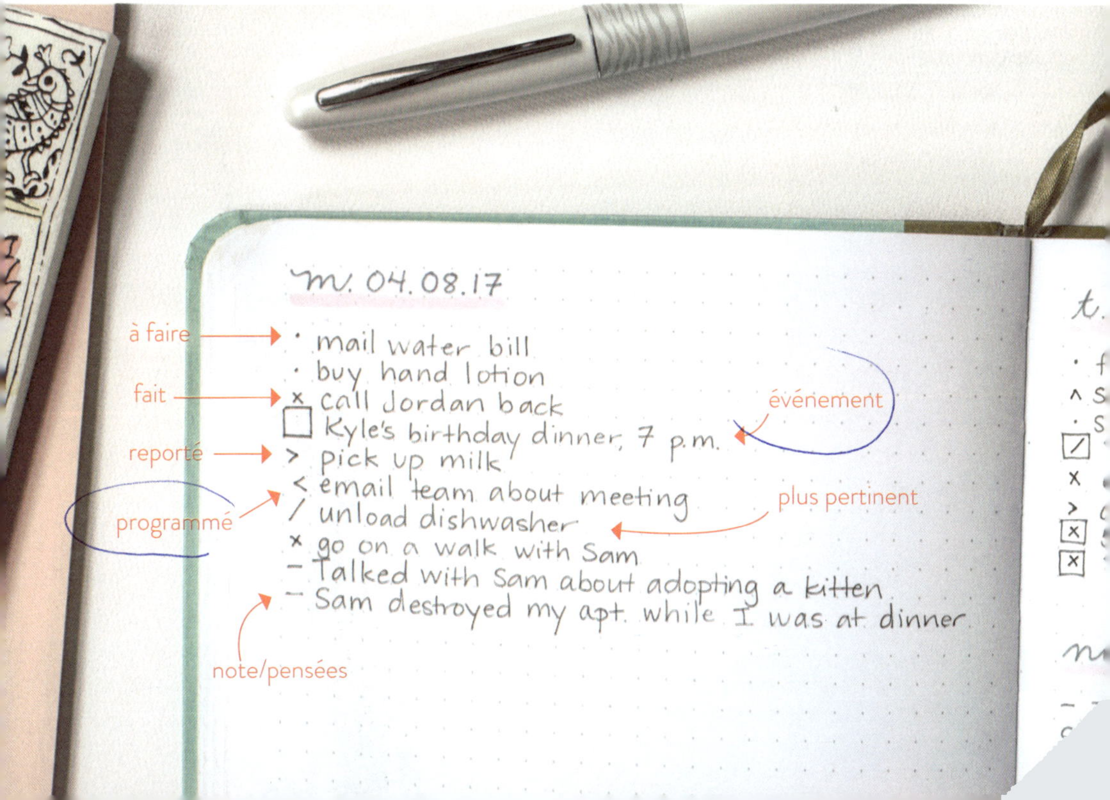

Dessine un **carré** pour distinguer les événements importants (rendez-vous, anniversaires, réunions, dates commémoratives, etc.).

Fais un **trait** sur tous les éléments qui ne sont plus pertinents.

Je fais aussi un **x** et d'autres symboles dans le carré lorsque j'en ai besoin. (Par exemple, si un événement est reporté, je dessine le symbole de la migration à l'intérieur. Si l'événement est annulé, je fais un trait dans le carré.) Et quand j'écris à propos des moments importants dans ma partie journal, je colorie le carré devant l'événement à l'aide de l'un de mes 3 marqueurs, en fonction du type d'événement.

Si ces symboles ne te parlent pas, tu trouveras page 33 d'autres symboles populaires qui pourraient t'inspirer davantage. Quels que soient les symboles exacts que tu utilises, il peut être utile de tous les noter dans une légende, que, personnellement, je mets en général sur la dernière page de mon Bullet carnet.

« EUH, UNE *TO-DO LIST* OÙ ON NE RAYE PAS LES TRUCS ? MAIS C'EST CE QU'IL Y A DE MIEUX AVEC LES *TO-DO LISTS* ! »

Écoute, je te comprends. Je suis le genre de personne qui rajoute des choses à sa *to-do list* juste pour le plaisir de les rayer, donc ça a été l'une de mes premières inquiétudes lorsque j'ai vu ces symboles pour la première fois dans le carnet d'autres gens. Mais, après avoir utilisé le système tel qu'il avait été conçu pendant quelques semaines, j'ai en fait commencé à préférer la méthode des points et des x.

D'abord, c'est utile de pouvoir revenir en arrière et de relire un élément en entier, même s'il a été terminé. Tracer un trait sur un événement ou un élément qui a été planifié ne fait pas tant de bien que ça. Et le carnet tout entier est beaucoup plus propre quand on ne le fait pas, ce que j'apprécie. De plus, comme je l'ai dit plus haut, le symbole x marche plutôt bien avec les autres symboles.

Une fois que j'ai réussi à me détendre un peu et que j'ai fait ce changement, je me suis rendu compte qu'écrire un x au-dessus d'un point est quand même carrément satisfaisant. (Évidemment, je continue à ajouter des tâches déjà accomplies à mes listes juste pour pouvoir mettre ce x !) Alors, essaye ces symboles et vois ce que tu en penses. Si, après les avoir essayés, ça te démange encore de tracer un trait sur des tâches à faire, alors je t'en prie, libre à toi de le faire ! Mais je parie que ça ne te manquera pas autant que tu le crois.

CHOISIR UN CAHIER

Tu peux utiliser *n'importe quel* cahier pour ton Bullet carnet : tu n'es pas obligé d'acheter une marque, une taille ou un style spécifiques. Voici quelques conseils à garder à l'esprit quand tu choisis ton cahier :

- Achète un cahier assez gros pour pouvoir y écrire tout ce que tu veux : quelque chose avec un nombre conséquent de pages (entre 150 et 250, pour te donner une idée) et des pages assez grandes pour ne pas les remplir en 2 phrases (donc probablement un peu plus grand que le format poche). La plupart de ceux qui écrivent un Bullet carnet optent pour un cahier d'environ 13 cm de large et 20 cm de haut.
- N'achète pas un cahier qui soit trop gros ou trop lourd pour que tu aies envie de l'emporter partout avec toi. Tu n'as pas besoin de l'avoir *tout* le temps avec toi, mais « Est-ce qu'il rentrera dans mon sac à main habituel ? » est une bonne question à se poser.
- Choisis un cahier solide. Les cahiers avec une couverture fine en papier sont en général plus légers et moins chers que ceux qui ont une couverture rigide, mais ils peuvent s'abîmer très vite.
- Tu peux faire ton Bullet carnet dans un cahier avec des pages blanches, lignées ou avec une sorte de papier millimétré ; c'est vraiment une question de préférence personnelle. De nombreux utilisateurs du Bullet carnet, moi y compris, utilisent des cahiers à points. Je n'avais jamais employé (ou même vu) ce genre de papier avant de commencer un Bullet carnet et maintenant je ne me vois plus utiliser autre chose. Les pages blanches me stressent (« Est-ce que j'écris droit ? » Non, bien sûr que non !) et les pages lignées ne me permettent pas autant de flexibilité en termes de mise en page et de taille de texte que

les pages à points. En plus, les points sont en général très légers et le cahier a l'air blanc de loin, ce qui veut dire que les gens qui jettent un coup d'œil à ton cahier en passant penseront que tu as secrètement des pouvoirs magiques, sinon comment tu fais pour écrire des lignes aussi parfaitement droites sur des pages blanches ?

- Ne stresse pas trop pour le choix du carnet. Si tu n'aimes pas le cahier avec lequel tu commences, tu peux l'échanger quand tu veux contre un autre qui te plaît plus. Il se peut même que tu veuilles d'abord utiliser un cahier peu coûteux, puis passer à des cahiers plus chers quand tu auras une meilleure idée de ce que tu aimes et de ce dont tu as besoin.

« MAIS PERSONNE N'A LE TEMPS POUR ÇA ! »

C'est la première réaction de beaucoup de gens dès qu'ils entendent parler du Bullet carnet, surtout sur Internet, et, même si je comprends, ce n'est pas totalement vrai. Beaucoup de gens ont le temps. Ou, plus précisément, beaucoup de gens *prennent* le temps.

Le Bullet carnet prend autant ou aussi peu de temps que tu le souhaites. La mise en place initiale prend moins d'une heure et j'ai tendance à écrire dans le mien de 10 à 30 minutes tous les soirs. Comme pour la plupart des activités, je me suis rendu compte que, quand je commence, je finis souvent par écrire plus que ce que je pensais ; mais parfois j'écris juste 5 minutes et je m'arrête là. En plus de ça, je passe environ 10 à 15 minutes tous les dimanches à créer mon nouveau planning de la semaine et environ 30 minutes chaque mois à créer de nouvelles pages pour le mois à venir.

Parce que j'aime ça, bosser sur mon Bullet carnet ne me donne jamais l'impression de prendre *tant* de temps. Et parce que c'est du temps que sinon je perdrais sûrement à regarder des trucs stupides sur Internet, ce n'est pas *vraiment* du temps qui me manque. Écrire sur ma journée est un chouette moyen de déconnecter et de me détendre avant de me coucher, donc je le considère comme une bonne manière de passer mon temps, surtout quand je pense que prendre 5 à 10 minutes pour faire une *to-do list* chaque jour m'évitera probablement de perdre une heure à stresser ou à courir partout inutilement parce que j'ai oublié quelque chose d'important.

Certaines personnes passent vraiment plus de temps sur leur Bullet carnet ; elles aiment chercher des idées et de l'inspiration, créer des liens avec d'autres utilisateurs du Bullet journal, concevoir de nouvelles mises en page magnifiques et discuter de sujets importants comme : où trouver les Post-it parfaits ou quelle est la meilleure marque de stylos gel à encre noire. Beaucoup d'entre eux sont des gens à la recherche d'un exutoire créatif et c'est ce que leur Bullet carnet est devenu. Mais cette approche n'est pas obligatoire. Et ces à-côtés ne doivent jamais interférer avec les motivations essentielles du Bullet carnet : organisation, introspection, développement personnel et faire des trucs.

La majorité des utilisateurs de Bullet carnet que je connais sont des mamans, des étudiants, des gens qui travaillent en dehors de chez eux, ou tout ça à la fois. Ils savent que ce qu'ils retirent de cette méthode vaut le temps qu'ils y passent, que ce soit 5 minutes ou une heure par jour. Trudelle Thomas, professeur titulaire d'un doctorat et chercheuse à l'université Xavier à Cincinnati, dans l'Ohio, a mené des entretiens en profondeur avec 15 personnes ordinaires qui ont tenu un journal au cours des cinq dernières années ; elle a découvert que ses sujets d'étude étaient tels que je les décris :

> *J'ai été frappée de voir combien ils étaient occupés. Beaucoup d'entre eux avaient des carrières exigeantes, plusieurs élevaient des enfants en bas âge et la plupart étaient également des militants, impliqués à l'église ou dans des activités créatives. Pourtant, ils réussissaient tous à intégrer le journal dans leur vie sur des durées conséquentes… De toute évidence, tenir un journal avait une grande importance pour eux.*

Donc, si tu penses que le Bullet carnet ajoute de la valeur à ta vie, tu trouveras le temps. Et, penses-y : si tu as le temps d'écrire « Qui a le temps de faire ça ? » sur des trucs que tu vois sur Internet, la réponse est probablement… toi. *Tu as le temps, toi qui mets des commentaires agressifs sur Internet.*

“

L’élan d’écrire des choses est étrangement obsessionnel, impossible à expliquer à ceux qui ne le partagent pas, utile seulement accidentellement, secondairement, de la manière dont toutes les obssessions tentent de se justifier… Ceux qui tiennent un carnet secret sont une race entièrement à part de réarrangeurs des choses solitaires et résistants, de mécontents anxieux, d’enfants apparemment affligés à la naissance d’un certain pressentiment de la perte.

JOAN DIDION

”

CHAPITRE 2

Planning de l'année

Une fois ton index créé, tu consacreras quelques pages à ton année à venir. Ces pages sont appelées « calendex », ce qui est juste du jargon Bullet pour « calendrier ». Le calendex sert pour les événements, les échéances, les anniversaires et rendez-vous importants, ainsi que pour planifier à long terme. Tu peux utiliser les symboles décrits dans le chapitre précédent pour distinguer les différents éléments. (Si tu commences ton Bullet carnet au milieu de l'année, tu peux faire ton calendex seulement pour les mois de l'année qui restent ou tu peux inclure les mois précédents et écrire les événements importants qui ont déjà eu lieu.)

Au début, quand tu crées ton carnet, tu n'es pas obligé de remplir entièrement ces pages. Organise-les et marque tous les éléments que tu te rappelles à ce moment-là, puis mets-les à jour par la suite.

Voici quelques idées de ce à quoi pourrait ressembler ton planning de l'année.

Liste de dates simple

Cet agencement sur 6 pages est basique et facile à créer : pas besoin de talent artistique ! Divise la page en 2 colonnes, puis écris tous les jours du mois le long du côté gauche de chaque colonne. C'est une bonne mise en page si tu ne penses pas devoir ajouter beaucoup d'événements pour chaque date et si ton écriture est plutôt petite.

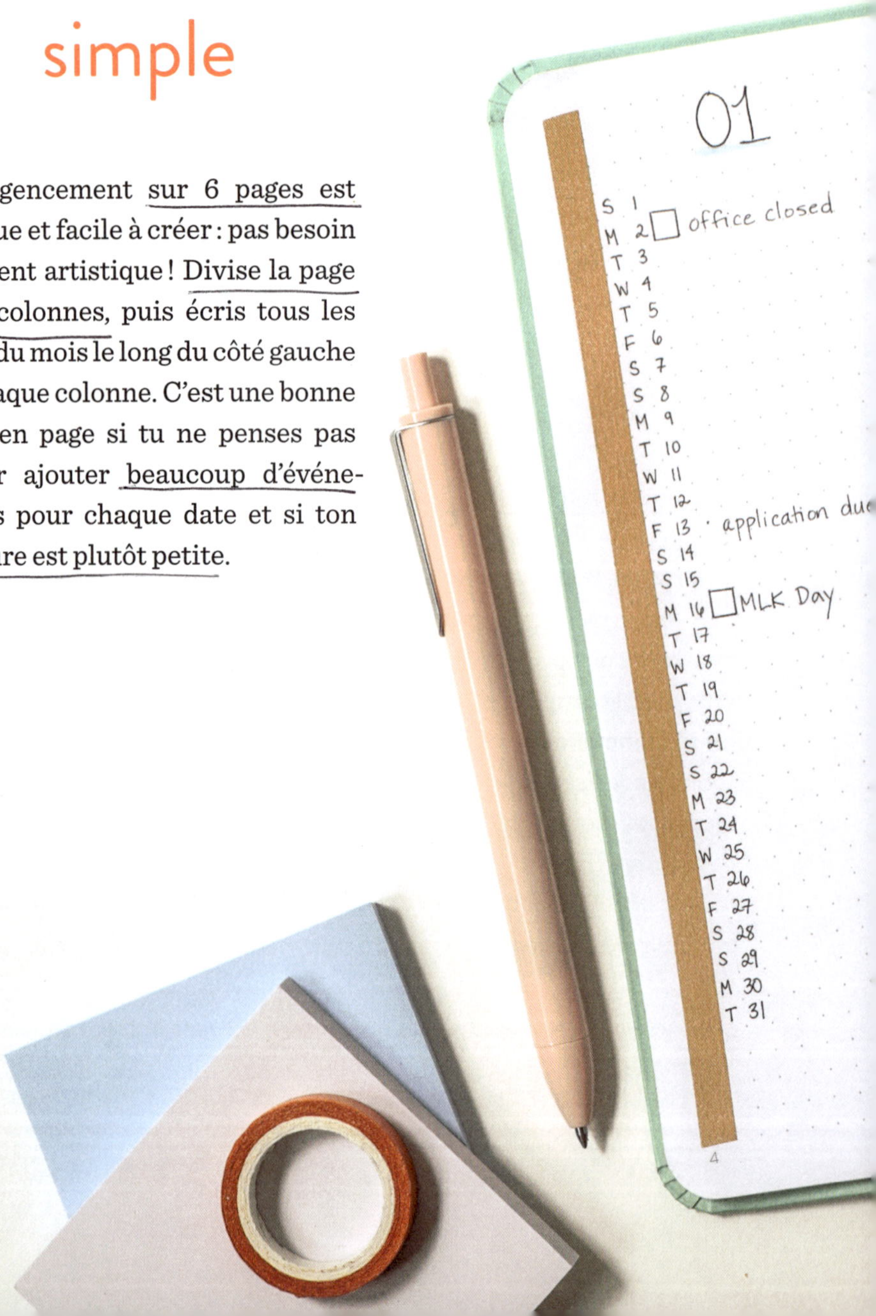

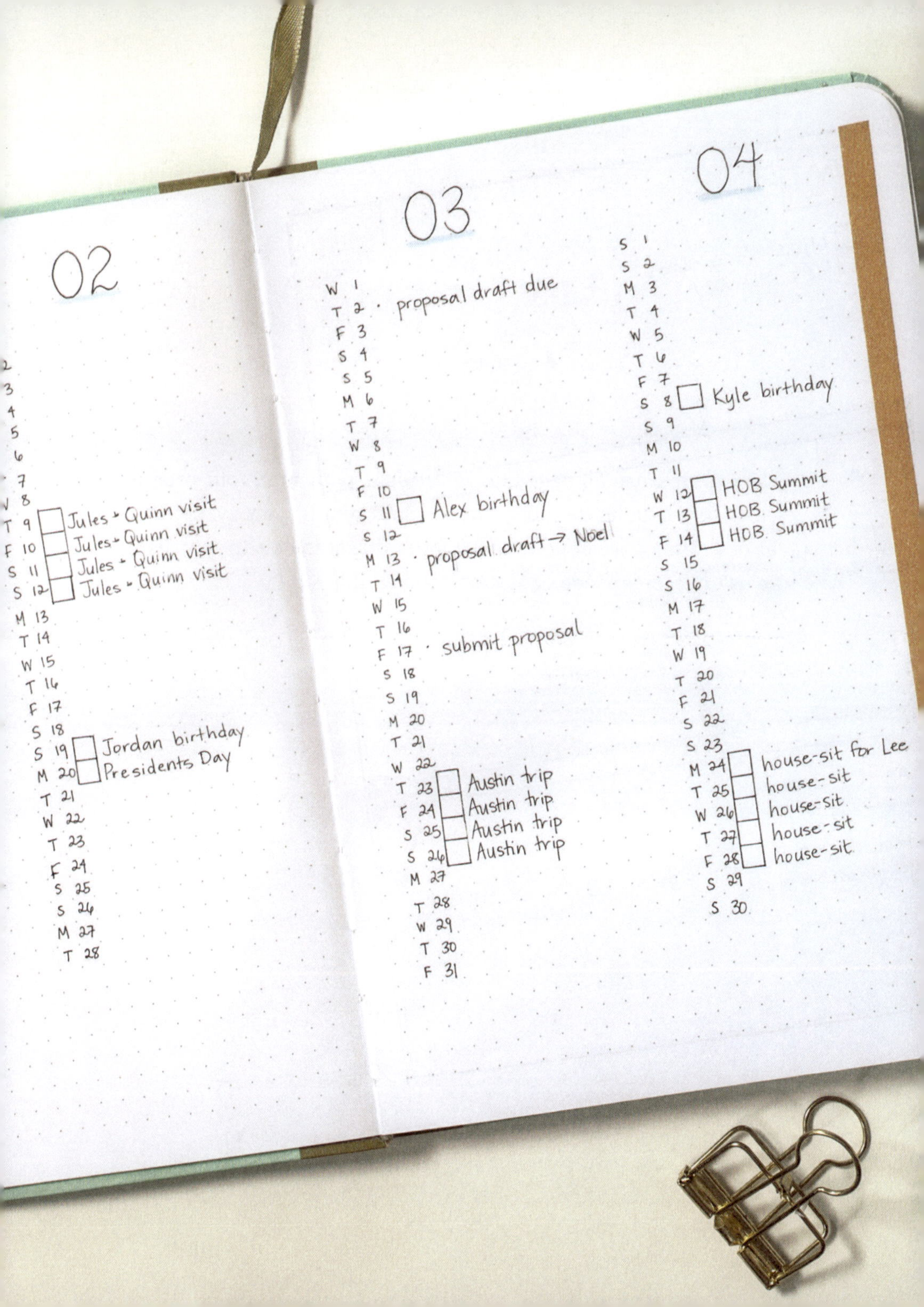
02
M 13
T 14
W 15
T 16
F 17
S 18
S 19 Jordan birthday
M 20 Presidents Day
T 21
W 22
T 23
F 24
S 25
S 26
M 27
T 28
T 9 Jules + Quinn visit
F 10 Jules + Quinn visit
S 11 Jules + Quinn visit
S 12 Jules + Quinn visit
03
W 1
T 2 · proposal draft due
F 3
S 4
S 5
M 6
T 7
W 8
T 9
F 10
S 11 Alex birthday
S 12
M 13 · proposal draft → Noel
T 14
W 15
T 16
F 17 · submit proposal
S 18
S 19
M 20
T 21
W 22
T 23 Austin trip
F 24 Austin trip
S 25 Austin trip
S 26 Austin trip
M 27
T 28
W 29
T 30
F 31
04
S 1
S 2
M 3
T 4
W 5
T 6
F 7
S 8 Kyle birthday
S 9
M 10
T 11
W 12 HOB Summit
T 13 HOB Summit
F 14 HOB Summit
S 15
S 16
M 17
T 18
W 19
T 20
F 21
S 22
S 23
M 24 house-sit for Lee
T 25 house-sit
W 26 house-sit
T 27 house-sit
F 28 house-sit
S 29
S 30

Trois mois par page – horizontal

Ceci est la mise en page que j'ai utilisée pour mon tout premier calendex ; cela laisse plus d'espace pour ajouter des événements et des notes parce que tous les jours du mois ne sont pas listés, mais uniquement ceux qui sont importants.

JAN.
01/02: office closed
01/16 MLK Day
MAR.
03/11: Alex's birthday
03/23-03/26: trip to Austin
MAY
· book hotel for Taylor + Tyler's wedding
· get passport photos taken
6

Trois mois par page – vertical

Cet agencement sur 4 pages combine ce que je préfère des 2 premières mises en page ; il présente des colonnes verticales (avec des mini-calendriers en option), mais ne fait pas la liste de tous les jours du mois.

09
S M T W T F S
1 2
3 4 5 6 7 8 9
10 11 12 13 14 15 16
17 18 19 20 21 22 23
24 25 26 27 28 29 30
9/4: Labor Day
9/13: club elections
9/15: Jules bday
10
S M T W T F S
1 2 3 4 5 6 7
8 9 10 11 12 13 14
15 16 17 18 19 20 21
22 23 24 25 26 27 28
29 30 31
10/7: Chris and Skylar's wedding
10/14: Homecoming
11
S M T W T F S
1 2 3 4
5 6 7 8 9 10 11
12 13 14 15 16 17
19 20 21 22 23 24
26 27 28 29 30

Quatre mois par page

L'une des manières que je préfère pour organiser des pages dans mon Bullet carnet est de faire un tableau de 4 cases. Encore une mise en page supersimple : tout ce dont tu as besoin, c'est d'une règle et d'un stylo.

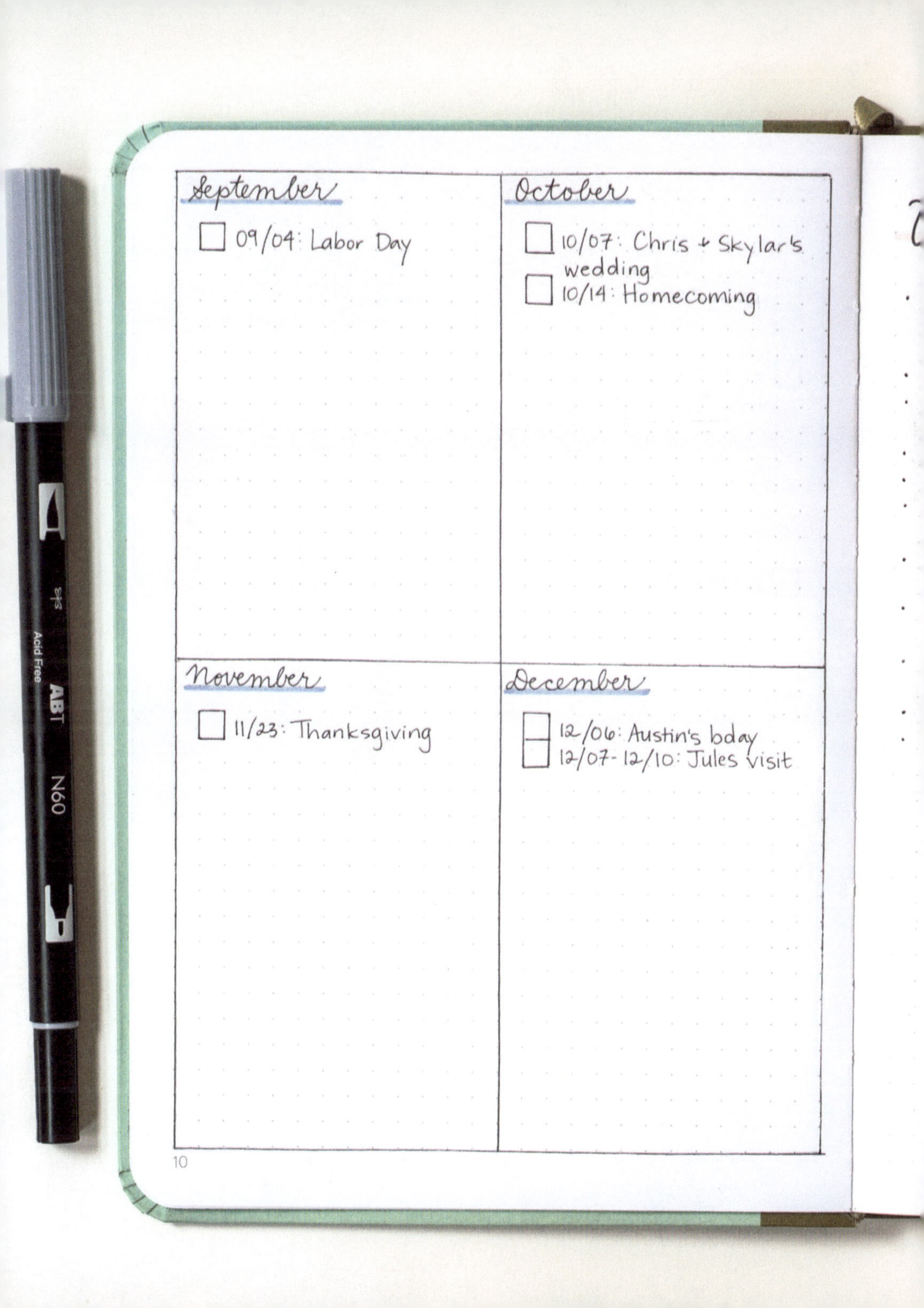
September
09/04: Labor Day
October
10/07: Chris + Skylar's wedding
10/14: Homecoming
November
11/23: Thanksgiving
December
12/06: Austin's bday
12/07-12/10: Jules visit
10
Acid Free
ABT
N60

Six mois par page

Cet agencement permet de voir une année entière sans avoir à tourner la page, ce que j'apprécie particulièrement. Il est fait pour les gens qui ne veulent pas consacrer trop d'espace à leur calendex, puisqu'il n'occupe que 2 pages.

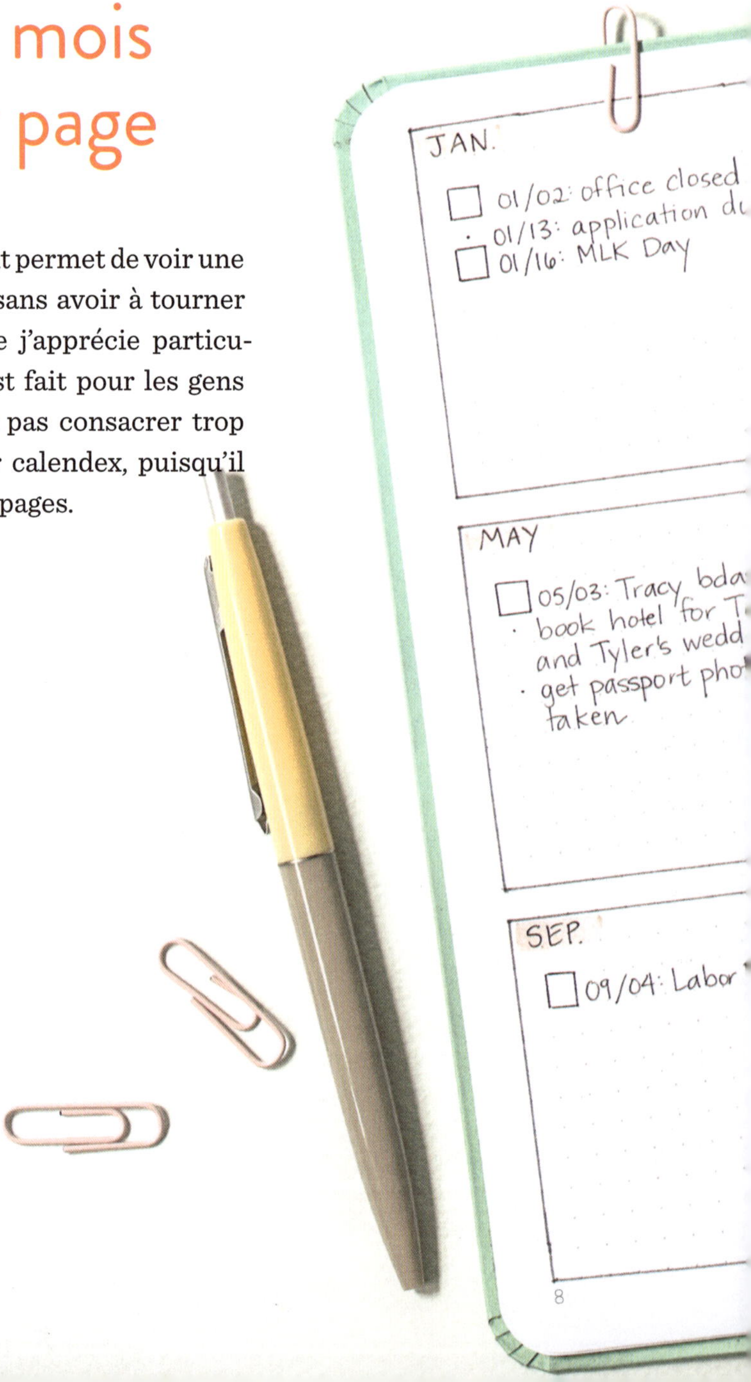

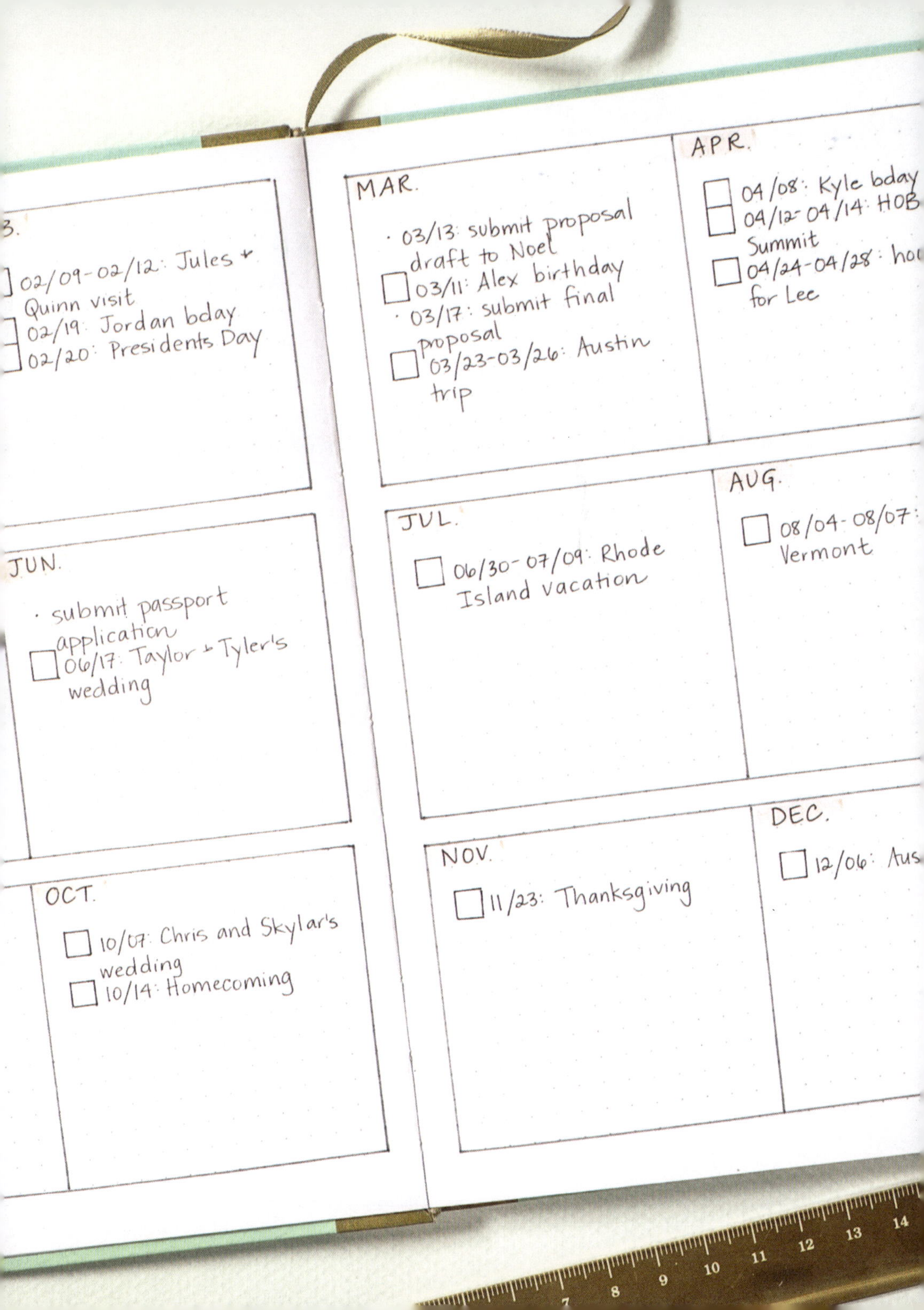
3.
02/09-02/12: Jules + Quinn visit
02/19: Jordan bday
02/20: Presidents Day
MAR.
· 03/13: submit proposal draft to Noel
03/11: Alex birthday
· 03/17: submit final proposal
03/23-03/26: Austin trip
APR.
04/08: Kyle bday
04/12-04/14: HOB Summit
04/24-04/28: ho
for Lee
JUN.
· submit passport application
06/17: Taylor + Tyler's wedding
JUL.
06/30-07/09: Rhode Island vacation
AUG.
08/04-08/07:
Vermont
OCT.
10/07: Chris and Skylar's wedding
10/14: Homecoming
NOV.
11/23: Thanksgiving
DEC.
12/06: Aus

« ET SI MON CARNET NE DURE PAS TOUTE L'ANNÉE ? »

Quand tu commences ton Bullet carnet, il est impossible de savoir combien de temps il durera. Pour beaucoup de gens, il tient jusqu'à la fin de l'année. Moi, personnellement, j'en remplis un tous les trois mois environ. Mon conseil : prévois que ton cahier durera jusqu'à la fin de l'année en cours, mais sache que ce n'est pas très grave si ce n'est pas le cas.

Et en pratique ? Dans mon cas, ça veut dire que je reproduis toute page liée à l'année entière chaque fois que je commence un nouveau carnet au cours de cette année. Par exemple, je veux que ma liste de livres inclue tous les livres que j'ai lus en 2017. Donc, quand j'ai mis en place mon deuxième carnet de l'année, j'ai recréé la page dans le nouveau cahier et recopié tous les livres du premier que j'avais finis au cours des trois premiers mois de l'année. Puis j'ai fait des ajouts à cette liste à mesure que je lisais d'autres livres. Même chose avec mon troisième cahier. (Mais je ne reviens pas à mon premier cahier pour faire des ajouts à la liste.) Je fais la même chose pour le reste de mes listes et pages qui valent pour toute l'année. Ça peut sembler pénible, mais ça ne prend en fait qu'environ vingt minutes à faire quand je crée mon nouveau carnet. J'aime cette approche parce qu'elle fonctionne aussi bien si on n'utilise qu'un cahier pour l'année que si on en utilise cinq.

Je ne me préoccupe pas non plus de remplir toutes les pages de mon carnet. Donc si on est fin juin, par exemple, et qu'il me reste 20 pages dans mon cahier, j'en commencerai un nouveau le 1er juillet, parce que je sais que je ne peux pas faire rentrer un mois entier dans 20 pages et que je préférerais ne pas séparer un mois dans 2 carnets différents. Mais c'est vraiment une question de préférence personnelle. Si tu préfères remplir chaque page, tu peux réécrire le planning du mois pour le mois coupé en deux ou consulter et mettre à jour les pages de ton ancien cahier pendant quelques semaines.

Je me suis trouvée face à un dilemme quand j'ai commencé un nouveau cahier en décembre 2016. Instinctivement, j'aurais utilisé le même cahier pour janvier et février 2017... mais je me suis rendu compte que transférer et mettre à jour les listes de l'année pourrait devenir assez compliqué. J'ai donc tout simplement décidé de commencer un nouveau carnet, juste pour le mois de décembre. Je savais qu'en faisant ça, je laisserais beaucoup de pages vierges dans mon cahier de décembre 2016, mais je me suis dit que ça en valait la peine pour une question d'organisation sur le long terme. En plus, savoir que j'avais tant de pages à remplir m'a en fait encouragée à écrire plus et je suis passée d'une demi-page de journal intime à 3 ou 4 pages par jour... du coup, gagnant-gagnant ! Ceci dit, est-ce que je m'en serais sortie si je n'avais pas changé de carnet fin décembre ? Absolument.

Conclusion : fais ce que tu veux.

“

Les simples faits, noms et dates
communiquent plus que ce qu’on pense.

HENRY DAVID THOREAU

”

CHAPITRE 3

Planning du mois

Une fois ton calendex mis en place, tu peux créer des listes et autres pages à mettre à jour au cours de l'année. J'en parlerai plus au chapitre 9 mais, pour le moment, concentrons-nous sur ce qui arrive toujours après avoir organisé l'année : le planning du mois.

Il peut être aussi simple qu'un calendrier du mois accompagné d'une liste de tâches, ou tu peux utiliser plus de pages pour ton planning mensuel et y inclure certains événements, les tâches que tu dois faire dans le mois (comme « prendre un rendez-vous chez le docteur ») ou celles assignées à une certaine date (« envoyer la demande de passeport avant le 4 mai »), tes objectifs du mois et plus encore.

Pour info, je ne prévois pas les choses au mois dans mon carnet. Je le faisais au début, mais je me suis vite rendu compte que je ne regardais pas vraiment ces pages. Maintenant, je ne le fais que pour les mois chargés. C'est le plus beau dans ce système : tu peux laisser tomber n'importe quel aspect du carnet sans culpabiliser si ça n'a pas de sens pour toi.

Au début, tu ne créeras qu'un planning mensuel pour le mois en cours. Si tu commences ton carnet en août, fais une seule page mensuelle. À la fin du mois, tu créeras celle de septembre et tu feras migrer les tâches que tu n'as pas terminées vers ton nouveau planning mensuel.

Liste de dates simple + liste de tâches simple

Un moyen rapide et sans chichi de créer un planning mensuel est simplement de faire la liste de toutes les dates le long du bord gauche de la page, puis d'écrire tous les événements importants (voyages, anniversaires, rendez-vous, etc.) en face de la date correspondante.

La liste de tâches, qui peut être sur la même page ou sur une autre page, contient toutes les choses importantes à faire que tu veux terminer au cours d'un mois donné. Quand tu crées ta liste de tâches, tu utilises les symboles du Bullet carnet... c'est-à-dire le point, le x, etc. (C'est là où les symboles « migré » et « planifié » commencent à être vraiment utiles !)

September
F 1
S 2
S 3
M 4 Labor Day
T 5 7 p.m. class
W 6
T 7
F 8
S 9
S 10
M 11
T 12 7 p.m. class
W 13 8 p.m. Club elections
T 14 6 p.m. baby-sit Riley
F 15 Jules bday, D.C. trip
S 16 D.C. trip
S 17 D.C. trip
M 18
T 19 7 p.m. class
W 20
T 21
F 22
S 23
S 24
M 25
T 26 7 p.m. class
W 27
T 28
F 29 submit expense report
S 30
TO DOs
· return library books
· buy Jules bday gift
· book train to D.C.
· find a tailor

Une page pour les tâches, buts et événements + un mini-calendrier

C'est une bonne solution si tu décides que tu veux un style *organizer* au niveau de la semaine ou de la journée (ce que j'expliquerai plus en détail par la suite). Cela marche aussi si tu es quelqu'un qui prévoit de garder un calendrier électronique pour les réunions ou les événements professionnels, comme c'est mon cas. (Mon bureau repose énormément sur les calendriers Google® et la date de mes réunions change souvent, du coup utiliser un *organizer* papier pour chaque petit événement professionnel n'a pas de sens pour moi.) Dans les 2 cas, cet agencement met les tâches, rappels, objectifs et motivations au centre de ta page mensuelle.

july
S M T W T F S
1
2 3 4 5 6 7 8
9 10 11 12 13 14 15
16 17 18 19 20 21 22
23 24 25 26 27 28 29
30 31
tasks
· call cable company
· buy new sandals
· request August book club book from library
· follow up w/ advisory board
· research venues for surprise party
· renew license
events
6/30-7/9: Rhode Island vacation
7/13: doctor appt.
7/22: concert
7/25: eye doctor
goals
· take at least one 15-minute break each day
· be on time for work
work hard & be kind
58
Chapte
A People's
the Unite
Hausfr
My Br

Calendrier horizontal d'une page

Surprise ! Tu peux faire tourner ton carnet de 90° pour optimiser l'espace et créer de chouettes agencements ! Si tu veux être en mesure de voir tout le mois d'un seul coup d'œil et que tu n'as pas beaucoup d'événements à te rappeler, un calendrier d'une page pourrait être une bonne solution pour toi. Et, si tu veux, tu peux utiliser la page opposée pour les tâches et les objectifs du mois et tes idées en général (verticalement ou horizontalement).

+ ~~P69 ou 65~~
ou mieux P70

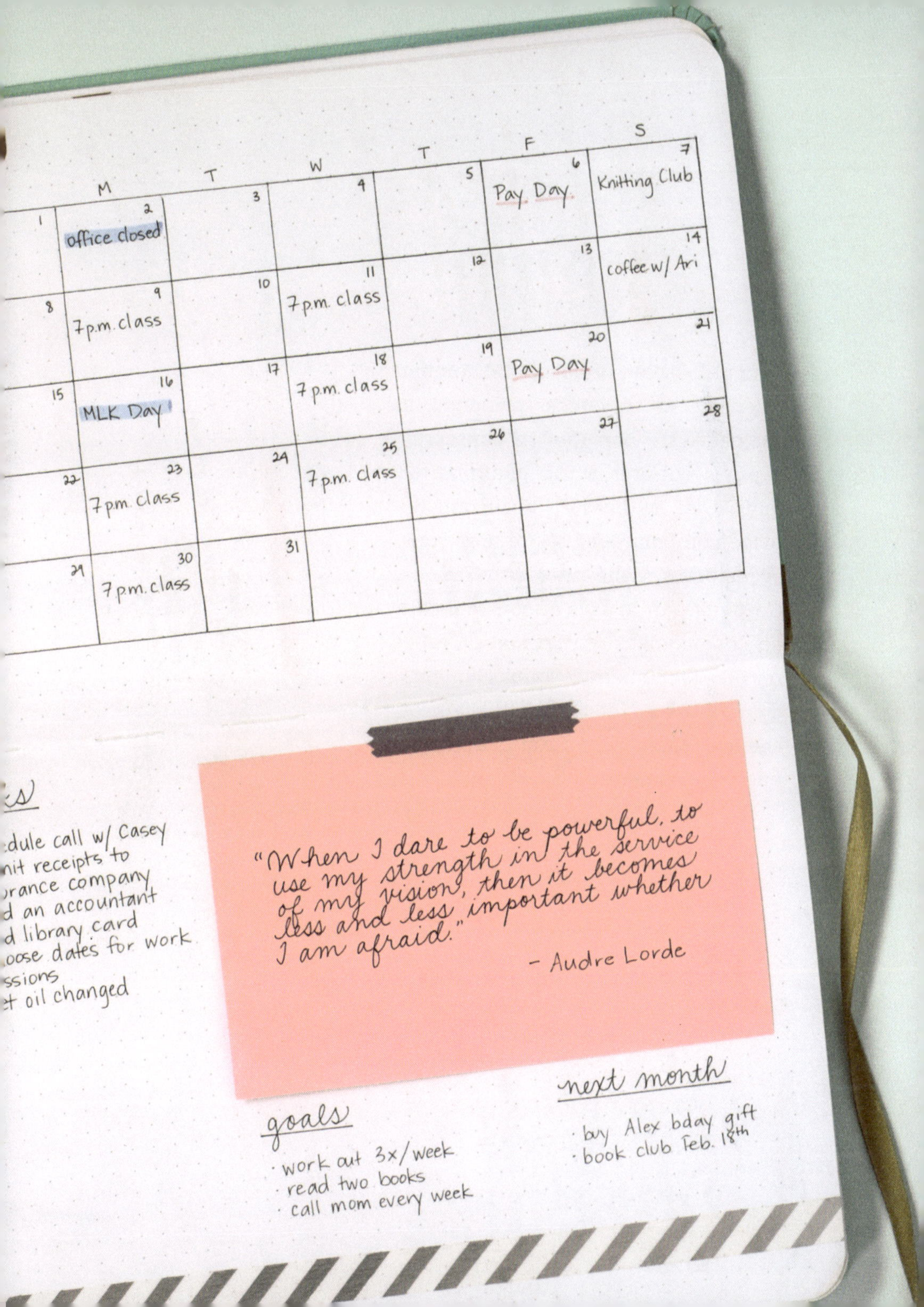
M T W T F S
1
2 office closed
3
4
5
6 Pay Day
7 Knitting Club
8
9 7p.m. class
10
11 7p.m. class
12
13
14 coffee w/ Ari
15
16 MLK Day
17
18 7p.m. class
19
20 Pay Day
21
22
23 7p.m. class
24
25 7p.m. class
26
27
28
29
30 7p.m. class
31
"When I dare to be powerful, to use my strength in the service of my vision, then it becomes less and less important whether I am afraid."
- Audre Lorde
goals
· work out 3x/week
· read two books
· call mom every week
next month
· buy Alex bday gift
· book club Feb. 18th
…dule call w/ Casey
…nit receipts to
…rance company
…d an accountant
…d library card
…oose dates for work
…ssions
…t oil changed

Calendrier de deux pages

Si tu utilises ton Bullet carnet comme calendrier ou *organizer* principal, il est peut-être bon que tu consacres 2 pages entières à ton planning du mois. Cela te laissera beaucoup de place pour marquer tes rendez-vous, événements, échéances et réunions. L'exemple sur la page ci-contre inclut un code couleur qui permet de repérer plus facilement certains éléments d'un coup d'œil (et c'est joli !), mais cet agencement marche aussi très bien en une seule couleur.

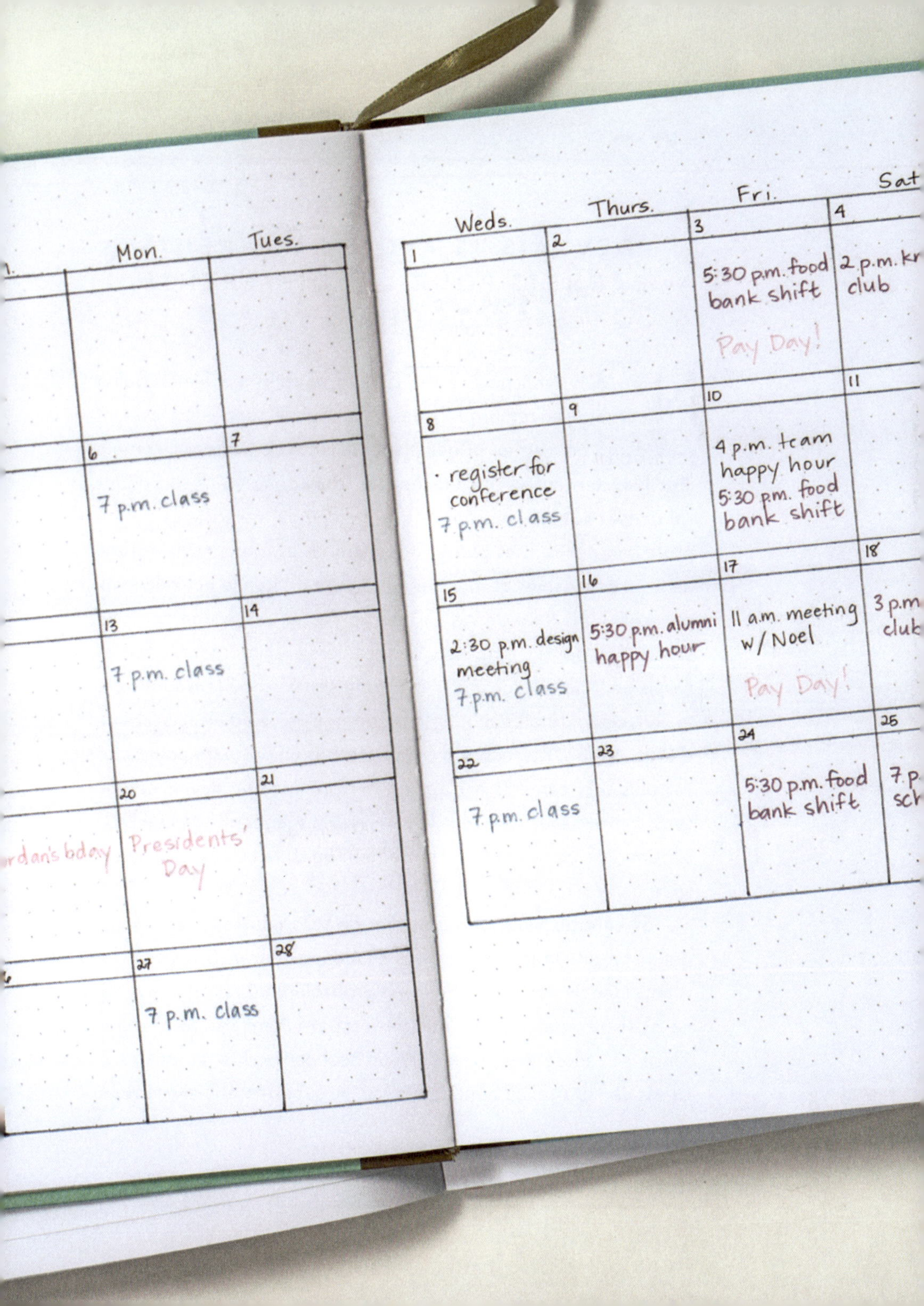
Mon.
Tues.
Weds.
Thurs.
Fri.
Sat
1
2
3
5:30 p.m. food bank shift
Pay Day!
4
2 p.m. kr
club
6
7 p.m. class
7
8
· register for conference
7 p.m. class
9
10
4 p.m. team happy hour
5:30 p.m. food bank shift
11
13
7 p.m. class
14
15
2:30 p.m. design meeting
7 p.m. class
16
5:30 p.m. alumni happy hour
17
11 a.m. meeting w/ Noel
Pay Day!
18
3 p.m
club
20
rdan's bday
Presidents' Day
21
22
7 p.m. class
23
24
5:30 p.m. food bank shift
25
7 p
sch
27
7 p.m. class
28

« DEVRAIS-JE AVOIR DIFFÉRENTS CARNETS POUR LES DIFFÉRENTS ASPECTS DE MA VIE ? »

Nan. Mais euh… peut-être ? Quand j'ai commencé mon Bullet carnet, j'ai remarqué que certaines personnes en avaient plus d'un : un carnet principal et un autre pour, par exemple, leur blog ou leur petite entreprise. Quand j'ai vu ça, au début, j'ai pensé : « Je me suis enfin faite à l'idée de mettre mes tâches professionnelles, mes tâches domestiques et mon journal intime dans un seul cahier et maintenant on me dit que je peux en avoir plusieurs ? NON. » Je ne l'ai même pas envisagé une seconde. D'abord, à moins d'emporter les 2 cahiers avec moi tout le temps, j'avais peur de me retrouver dans une situation où je n'aurais pas le bon, ce qui ferait échouer le but même de ce nouveau système d'organisation. Et, même si j'adoooorerais un prétexte pour acheter plusieurs cahiers, je n'aime pas trop l'idée de devoir emporter 2 cahiers avec moi tout le temps. Mais je reconnais que mon sentiment à ce sujet est extrêmement lié au fait que *je n'ai pas de voiture*.

Si, comme moi, tu as un trajet de 90 minutes tous les jours qui inclut une longue marche et beaucoup de transports en commun, l'idée de porter 2 cahiers est probablement rédhibitoire. (Et ce n'est pas grave, parce que ce n'est vraiment pas nécessaire ! J'insiste : j'adore avoir tout dans un seul carnet.) Si, au contraire, tu vas de chez toi au boulot, à la fac, au supermarché avec un sac plein de cahiers et que tu n'as pas peur de développer une douleur permanente à l'épaule parce que ce sac passe le plus clair de son temps sur le siège avant de ta voiture spacieuse… alors avoir plus d'un cahier peut marcher pour toi. Je peux te dire que si j'étais encore à la fac, j'aurais probablement un carnet principal à points avec une couverture rigide et j'utiliserais ce système de Bullet journal dans différents cahiers souples à moins de 15 euros.

Si tu penches pour les cahiers multiples, il y a une autre option qui pourrait t'intéresser : acheter une couverture de cahier vide avec un système d'élastiques à l'intérieur pour pouvoir y insérer plusieurs cahiers souples et les défaire facilement. Ce dispositif (souvent appelé « Traveler's notebook »[2] sur Internet, du nom de l'entreprise Traveler's Company qui l'a rendu populaire) est génial si tu veux des cahiers séparés pour différents centres d'intérêt, mais que tu souhaites les avoir tous avec toi la plupart du temps. Tu peux, par exemple, avoir un cahier professionnel, un personnel, un carnet d'esquisses et un cahier pour les cours (un blanc, un ligné, un à points, etc.), mais tu peux les réunir et les porter dans un seul « cahier », une sorte de classeur en un peu plus petit et élégant.

En tout cas, comme à peu près tout le reste du Bullet carnet, utiliser plusieurs carnets est une question de préférence personnelle et doit pouvoir s'intégrer à ton mode de vie.

[2] « Cahier du voyageur ». *(N.d.E.)*

CHAPITRE 4

Tracker mensuel

Le suivi des habitudes est un élément du Bullet carnet qui est apparu et s'est popularisé à mesure que davantage de gens ont commencé à utiliser ce système ; c'est l'un de mes trucs préférés. (Quand je montre mon Bullet carnet, le visage des gens s'illumine dès que je passe au *tracker*.) Parce que… c'est cool, non ?!

En plus d'être un bon prétexte pour créer des mises en page vraiment chouettes, le *tracker* est un excellent moyen de visualiser le progrès que tu fais par rapport à tes objectifs personnels. Tu peux suivre de près les choses que tu veux faire plus souvent (cuisiner chez toi, marcher, lire) et les choses que tu veux faire moins souvent (aller au fast-food, dire des gros mots, boire plusieurs cocktails, puis faire des achats en ligne – chose que je n'ai évidemment jamais faite parce que ce serait stupide, ah ah ah !).

J'ai tendance à me fixer des objectifs pour le mois; du coup, créer un *tracker* mensuel me convient très bien. Et, puisque je ne fais qu'une seule page pour chaque mois, je peux prendre un peu plus de temps pour la mettre en place. Ceci dit, tu as complètement le droit de faire des *trackers* hebdomadaires (ou hebdomadaires et mensuels) et certaines personnes créent aussi des *trackers* quotidiens pour les trucs comme la consommation d'eau ou les médicaments. À toi de voir!

Les *trackers* peuvent être particulièrement utiles pour suivre des comportements liés à la santé, mais aussi garder le fil de tes finances et des tâches domestiques: je te montrerai les mises en page conçues spécifiquement pour ces sujets plus tard. Pour le moment, voici quelques idées pour des *trackers* plus généraux.

Tracker mensuel horizontal pour toutes les habitudes

J'adore ce style de *tracker* parce qu'il utilise l'espace et les pointillés de manière très créative, et parce qu'on peut suivre une tonne d'habitudes dedans. Il prend quelques minutes de plus que les autres à mettre en place, mais il est *vraiment* cool et rigolo à utiliser.

P120

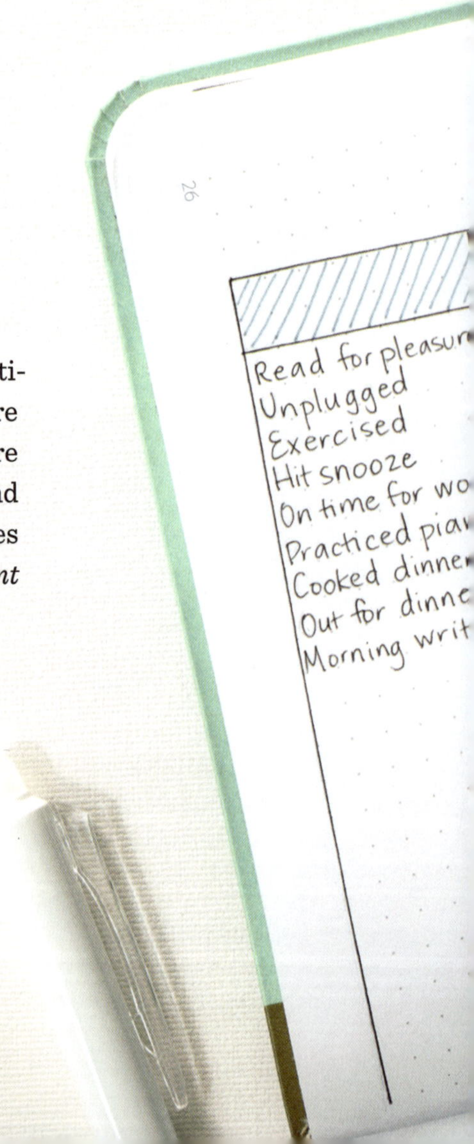

March Habits
S S M T W T F S S M T W T F S S M T W T F S S M T W T F
4 5 6 7 8 9 10 11 12 13 14 15 16 17 18 19 20 21 22 23 24 25 26 27 28 29 30 31
pay rent
pay student
2:30 p.m.
work out
buy dog
work on
request
sign up

Tracker mensuel vertical pour toutes les habitudes

Si tu veux pouvoir mettre toutes tes habitudes au même endroit, mais ne veux pas avoir à faire tourner ton cahier pour les voir, tu préféreras peut-être une disposition verticale comme celle-ci. (C'est la mise en page que j'utilise en ce moment, même si je n'écris que la première lettre de chaque habitude plutôt que le mot en entier, parce que ça a l'air plus net comme ça.)

Read
Unplugged
Exercised
Hit snooze
Piano
Booze
Dinner out
Chores
1
2
3
4
5
6
7
8
9
10
11
12
13
14
15
16
17
18
19
20
21
22
23
24
25
26
27
28
29
30
31
march
2017

Trackers multiples sur une seule page

Plutôt que de mettre toutes tes habitudes dans un seul *tracker*, tu pourrais en créer un différent pour chaque habitude ; cette disposition est un peu plus lisible et plus intéressante si tu ne veux pas mélanger dans le même *tracker* les choses que tu veux faire plus souvent et celles que tu veux faire moins souvent. Quand tu pratiques une des activités, tu peux faire une croix dans la case à cette date ou la colorier. (Et s'il y a certains jours où tu ne veux pas ou n'as pas besoin de suivre cette habitude, tu peux colorier la case en noir par avance.) C'est une mise en page géniale si tu veux pouvoir jeter un coup d'œil à la page et savoir très vite si tu t'en sors bien par rapport à un certain comportement ou objectif.

P.-S. : cet agencement (et le *tracker* page 62) est vertical, sur une seule page, il peut donc être facilement mis en place sur la page opposée d'un des calendriers mensuels d'une page décrits au chapitre 3, pour créer un planning du mois cohérent et esthétique.

September
NO SPEND
WORK OUT
ON TIME FOR WORK
PRACTICED PIANO
READ BOOKS
ALL MEALS @HOME

Mini-*tracker* mensuel

Si tu n'as pas beaucoup d'habitudes à suivre, tu peux ajouter un mini-*tracker* à la page où se trouve ton calendrier mensuel. J'aime cette option parce qu'elle permet d'avoir tout ce qui concerne le mois sur la même double-page, ce qui évite d'avoir à tourner les pages trop souvent.

Sun
Mon
Tues
Weds
Thur
Fri
1
2
3
4
5
6
8
9
10
11
12
13
15
16
17
18
19
20
22
23
24
25
26
27
29
30
31
Rhode Island
and
2 3 4 5 6 7 8 9 10 11 12 13 14 15
16 17 18 19 20 21 22 23 24 25 26 27 28 29 30 31

L'ÉCRITURE DE CARNET EN QUELQUES CHIFFRES

12 : nombre de volumes des *Pensées pour moi-même* de Marc-Aurèle, rédigées entre 170 et 180 av. J.-C. et connues comme le journal intime le plus ancien qui nous soit parvenu intact.

381-384 av. J.-C. : années au cours desquelles Égérie, une pèlerine gauloise, a écrit un carnet de voyage sous forme de longue lettre à ses amies restées dans son pays.

1450 : année pendant laquelle Luca Landucci, apothicaire à Florence, en Italie, a tenu le premier journal intime moderne.

176 : nombre de plantes et de fleurs sauvages inconnues que les explorateurs Lewis et Clark ont notées dans leurs carnets.

15 : nombre de cahiers que Charles Darwin avait en sa possession en 1831 quand il a commencé son voyage de près de cinq ans autour du monde, cahiers qu'il a ensuite qualifiés de « déterminants pour ma carrière entière ».

116 080 : nombre de mots que Darwin a écrit dans lesdits cahiers.

15 : âge auquel Beatrix Potter a commencé à rédiger un journal intime à l'aide d'un code secret qu'elle seule connaissait, habitude qu'elle a gardée entre 1881 et 1897.

1958 : année où un certain Leslie Linder a déchiffré ce code secret et a ainsi rendu la lecture des journaux de Beatrix Potter possible.

10 : nombre de cadeaux qu'Anne Frank a reçu le jour de ses treize ans le 12 juin 1942, parmi lesquels se trouvait un journal intime.

30 millions : nombre d'exemplaires du *Journal d'Anne Frank* qui ont été vendus dans le monde entier depuis sa publication.

91 : nombre d'années où le colonel Ernest Loftus a tenu un journal quotidiennement ; il détient actuellement le record dans le *Livre Guinness des records*.

30,8 millions : prix en dollars qu'a atteint un cahier de 72 pages, appelé le *Codex Leicester*, ayant appartenu à Léonard de Vinci, lors d'une vente aux enchères en 1994 ; l'acheteur se nommait Bill Gates.

1988 : année où l'auteur Bruce Chatwin a qualifié son simple carnet noir (qui avait des coins arrondis, une sangle, une poche intérieure au dos, et jouissait d'un grand succès auprès des artistes en France) de « moleskine » dans son livre *The Songlines*.

15 millions : nombre total d'exemplaires de la série *Le Journal de Bridget Jones* vendus dans le monde entier.

33,5 : poids en kg que Bridget Jones prend en un an dans *Le Journal de Bridget Jones*.

32,5 : poids en kg que Bridget Jones perd au cours de la même année.

CHAPITRE 5

Planning de la semaine

Comme les *trackers*, les plannings hebdomadaires sont devenus populaires à mesure que davantage de gens ont commencé à utiliser la méthode Bullet carnet. En effet, de nombreuses personnes concentrent l'essentiel de leur carnet sur la semaine ; certaines n'ont même pas de pages journalières ou utilisent ces pages uniquement pour leur journal intime. (Pour d'autres, moi comprise, les plannings hebdomadaires sont des vues d'ensemble à grande échelle, et dans les quotidiens se trouvent les détails importants.) Travailler principalement à partir de ton planning de la semaine peut être une option géniale si tu ne veux pas avoir à créer une page chaque matin : mets-le en place au début de la semaine, et tu es paré !

Les plannings hebdomadaires donnent *vraiment* tout son charme au Bullet carnet. Je suis toujours agréablement surprise de voir le nombre d'informations que tu peux faire rentrer sur une ou deux pages si tu utilises l'espace intelligemment.

Multiplanning sur deux pages

C'est une mise en page populaire, en partie parce qu'elle peut contenir une tonne d'informations. Si tu penses que tu as besoin de plus d'espace pour écrire les tâches et les événements quotidiens, tu peux retirer les cases du bas de la page de gauche ou les faire plus petites.

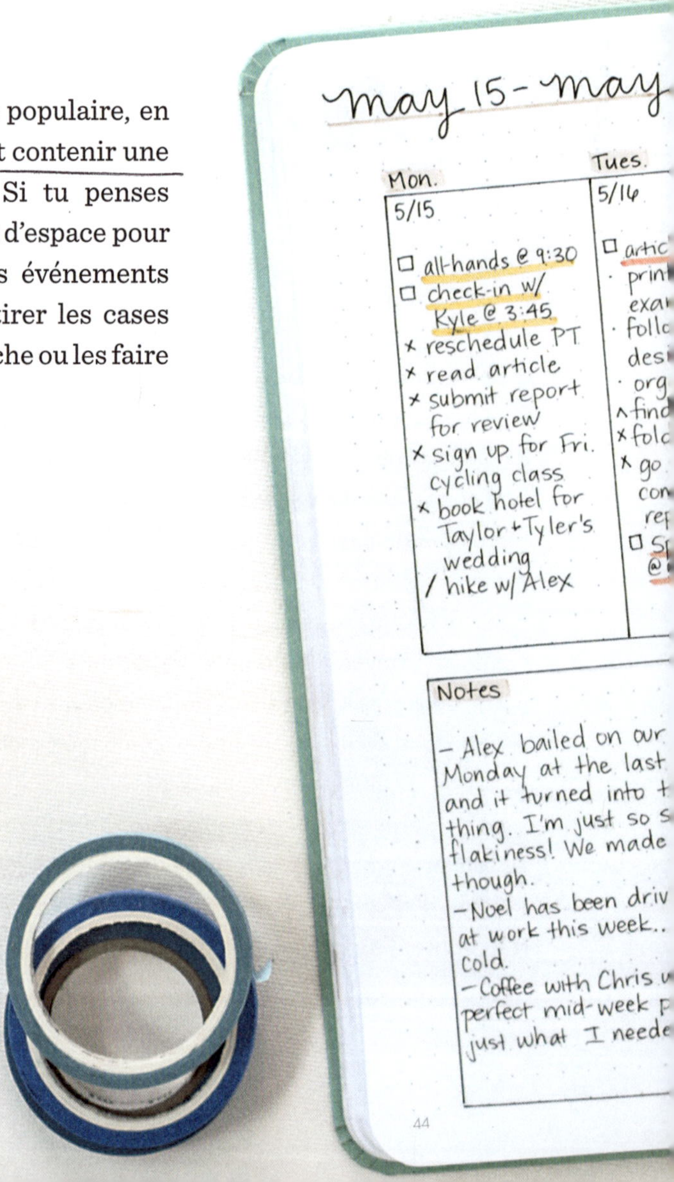

Weds.
5/17
× morning run
□ 10 a.m. design team meeting
· buy Sam new bear
× ask IT about missing files
· finalize purchase order
× work session
□ coffee w/ Chris
Thurs.
5/18
× follow up with IT
· update report title page
· email Casey
< schedule call w/ HQ
□ production mtg. @ 10:30 a.m.
> bring coupon for Tracy
Fri.
5/19
□ 7 a.m. cycling class
× bring coupon for Tracy
· sign up for training session
□ 4 p.m. team happy hour
· send application to HQ
× picnic planning meeting poster
Sat./Sun.
5/20
· laundry
× hike w/ Sam
□ Date Night
5/21
· grocery store
· change sheets
□ BBQ
· take trash out
Gratitude
M: snuggles with Sam, my bed
T: my family
W: veggies from the farmers market
T: my job
F: the kind person who found/returned my wallet
S: grandma's home-made banana pudding recipe
S: good friends and good brisket
Exercise
M T W T F S S
Unplug
M T W T F S S
Read
M T W T F S S
10,000 steps
M T W T F S S
Eat @ home
M T W T F S S

Événements de la semaine, classés par types

J'adore cet agencement, adapté aux gens qui n'ont pas beaucoup à écrire chaque jour et/ou veulent pouvoir distinguer visuellement les événements personnels des événements professionnels. Une autre solution serait d'attribuer une colonne aux événements et une autre aux tâches, une aux cours et une au travail, etc.

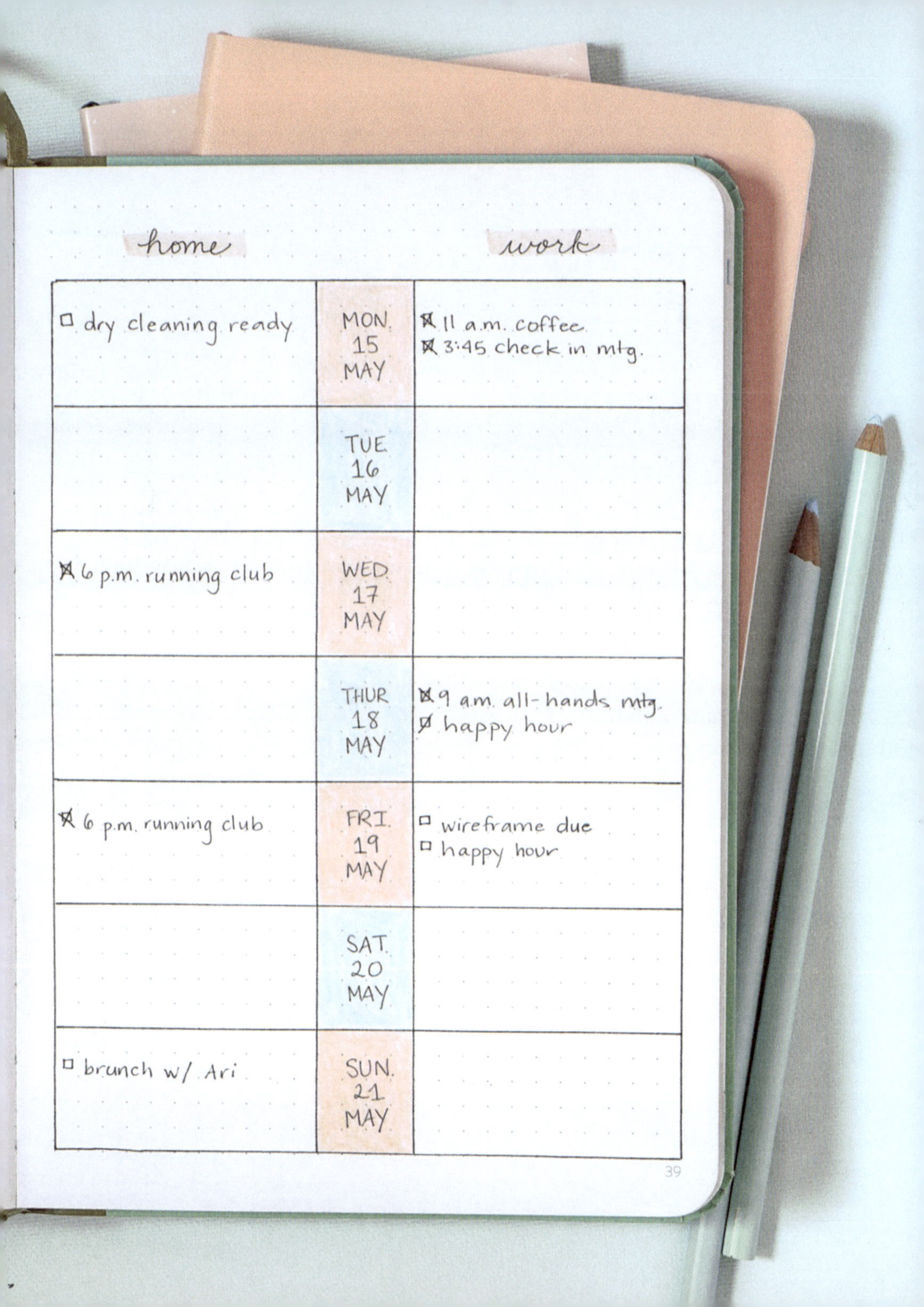
home
work
dry cleaning ready
MON. 15 MAY
11 a.m. coffee
3:45 check in mtg.
TUE 16 MAY
6 p.m. running club
WED 17 MAY
THUR 18 MAY
9 a.m. all-hands mtg.
happy hour
6 p.m. running club
FRI. 19 MAY
wireframe due
happy hour
SAT. 20 MAY
brunch w/ Ari
SUN. 21 MAY
39

Planning hebdo à plusieurs colonnes

Si tu as vu l'agencement précédent et pensé : « Oui, je veux *ça*, mais avec des colonnes travail, cours ET maison, plus de l'espace pour des listes supplémentaires », alors cette présentation est probablement faite pour toi !

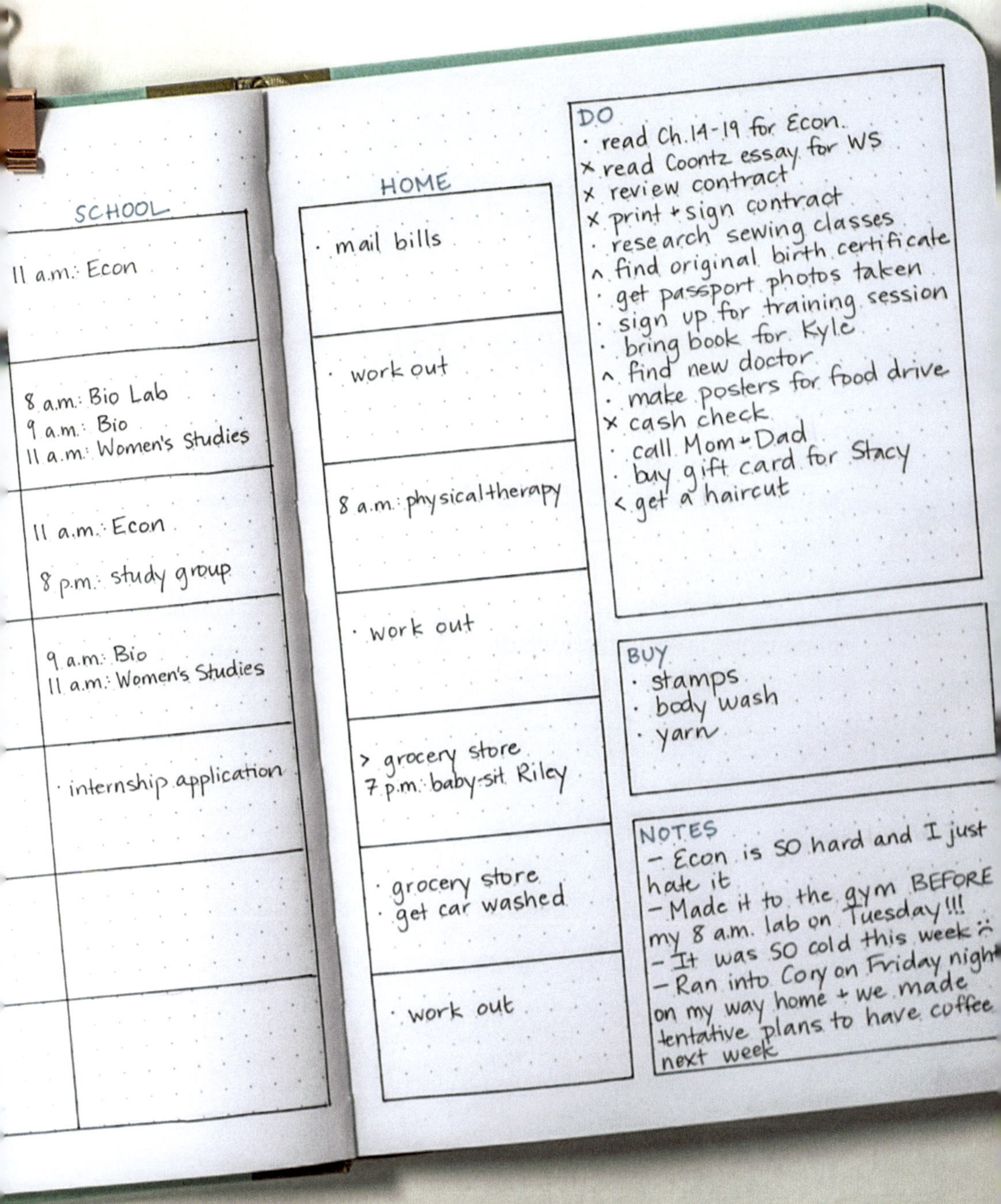
SCHOOL
11 a.m.: Econ
8 a.m.: Bio Lab
9 a.m.: Bio
11 a.m.: Women's Studies
11 a.m.: Econ
8 p.m.: study group
9 a.m.: Bio
11 a.m.: Women's Studies
· internship application
HOME
· mail bills
· work out
8 a.m.: physical therapy
· work out
> grocery store
7 p.m.: baby-sit Riley
· grocery store
· get car washed
· work out
DO
· read Ch. 14-19 for Econ.
× read Coontz essay for WS
× review contract
× print + sign contract
· research sewing classes
^ find original birth certificate
· get passport photos taken
· sign up for training session
· bring book for Kyle
^ find new doctor
· make posters for food drive
× cash check
· call Mom + Dad
· buy gift card for Stacy
< get a haircut
BUY
· stamps
· body wash
· yarn
NOTES
– Econ is SO hard and I just hate it
– Made it to the gym BEFORE my 8 a.m. lab on Tuesday!!!
– It was SO cold this week ☹
– Ran into Cory on Friday night on my way home + we made tentative plans to have coffee next week

Planning à plusieurs éléments sur une seule page

Dans cette disposition, il y a assez de place pour noter événements et rendez-vous de la semaine et pour les éléments qui ne sont pas liés à une date ou heure particulières. Tu peux aussi remplacer la partie « notes » par un mini-*tracker* ou un mantra, ou l'utiliser pour noter toute tâche à venir que tu veux te rappeler d'ajouter au planning de la semaine suivante.

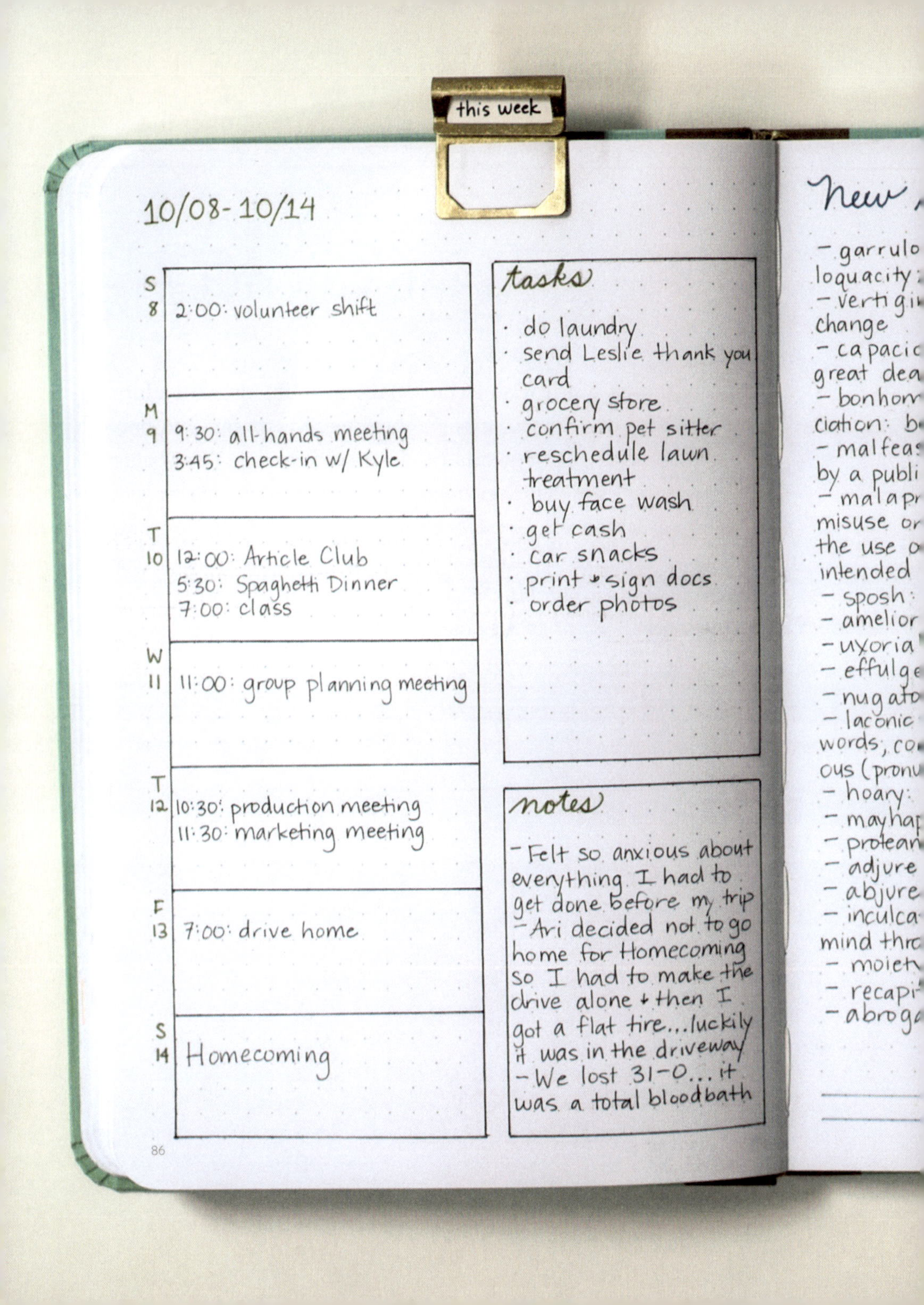

this week
10/08-10/14
S 8 2:00: volunteer shift
M 9 9:30: all-hands meeting
3:45: check-in w/ Kyle
T 10 12:00: Article Club
5:30: Spaghetti Dinner
7:00: class
W 11 11:00: group planning meeting
T 12 10:30: production meeting
11:30: marketing meeting
F 13 7:00: drive home
S 14 Homecoming
tasks
· do laundry
· send Leslie thank you card
· grocery store
· confirm pet sitter
· reschedule lawn treatment
· buy face wash
· get cash
· car snacks
· print + sign docs
· order photos
notes
- Felt so anxious about everything I had to get done before my trip
- Ari decided not to go home for Homecoming so I had to make the drive alone + then I got a flat tire... luckily it was in the driveway
- We lost 31-0... it was a total bloodbath

Tableau + mini-calendrier

C'est comme ça que j'organise ma page hebdomadaire ; j'adore avoir une liste des tâches importantes que je veux faire au boulot cette semaine et je me suis rendu compte que je gérais plus facilement toutes mes tâches hebdomadaires quand elles étaient classées par catégories. Certaines semaines, je change le contenu des 2 cases du bas ou je limite l'agencement à 2 colonnes. Créer mon planning de la semaine, c'est ce que je fais en dernier tous les dimanches soir, avant de me coucher, et ça m'aide à faire la transition entre le mode « week-end » et le mode « boulot ».

june
S M T W T F S
1 2 3
4 5 6 7 8 9 10
11 12 13 14 15 16 17
18 19 20 21 22 23 24
25 26 27 28 29 30
work
· study for certification exam
< schedule Kyle's review
· finalize presentation
× follow up w/ HR
home
· water plants
× mail passport application
^ fix picture frame
· send Taylor + Tyler's wedding gift
events
Shakespeare in the park
food bank shift
physical therapy
movie date
Reading Day @ Riley's school
buy
× wedding card
× wood glue
· allergy meds
· trash bags
· salt
· matches

« ET SI JE ME TROMPE ? »

Attention, *spoiler* : tu vas forcément faire des erreurs dans ton Bullet carnet ! Certaines seront secondaires, mais des erreurs plus sérieuses surviendront aussi (par exemple, faire une faute sur le mot « novembre » dans un en-tête ou commencer le mois par le mauvais jour quand tu crées un calendrier). Se tromper est toujours embêtant, mais, au fil du temps, j'ai appris quelques trucs pour amortir la catastrophe :

1. **Utilise une souris correctrice.** C'est pas pour rien que c'est un classique ! La souris est particulièrement utile pour les petites erreurs, comme les fautes d'orthographe et les bavures.

2. **Mets un autocollant ou un bout de Masking tape sur l'erreur.** Fais comme si de rien n'était.

3. **Recouvre la page entière d'une nouvelle feuille.** Prends du papier ou du Canson propre, coupe-le à la bonne dimension et colle-le ou scotche-le sur la page. Puis tu peux écrire ce que tu avais prévu au départ ou mettre autre chose (comme une citation qui t'inspire ou un dessin) et recommencer ton agencement sur la page suivante.

4. **Scotche ou colle la double-page.** La page avec l'erreur n'est plus là. N'en parlons plus jamais.

5. **Écris d'abord les choses importantes (comme les en-têtes) et/ou les mises en page les plus détaillées au crayon à papier sans appuyer.** Tu n'es pas du tout obligé de le faire, mais c'est une bonne idée si tu es perfectionniste ou que tu fais souvent des erreurs exaspérantes. Une fois que tu es satisfait de l'apparence de ta page, repasse tout au stylo, puis efface les marques de crayon. (Attention : si tu prends cette décision, laisse assez de temps à l'encre pour sécher avant d'effacer ce qui est au crayon. Mon impatience a été la cause de nombreuses taches. Ne fais pas comme moi.)

6. **Fais attention si tu arraches des pages.** J'ai remarqué que, dans certains cahiers, si on arrache une seule page, on peut se retrouver avec des feuilles qui se froissent ou se détachent dans tout le reste du carnet. Ça n'en vaut pas la peine.

7. **Laisse tomber.** Sans rire, donne-toi la permission de passer à autre chose. Je suis toujours énervée quand je fais une erreur, mais 2 pages après, j'ai déjà tout oublié.

“

Dans mon journal, je ne m’exprime pas seulement
plus ouvertement que je ne le ferais en face de quelqu’un ;
je me crée. Le journal est le vecteur de mon sentiment d’individualité.
Il me représente comme émotionnellement et spirituellement
indépendante. Par conséquent (hélas !), il ne raconte pas seulement
ma vraie vie quotidienne, mais propose plutôt,
dans beaucoup de cas, une réalité alternative.

SUSAN SONTAG

”

CHAPITRE 6

Planning du jour

Il est temps de passer au truc cool : faire ta *to-do list* quotidienne ! Tu passeras sûrement beaucoup de temps à observer ton planning du jour, cela vaut donc la peine de trouver la mise en page qui te convient et que tu aimes vraiment regarder. Si tu n'as pas beaucoup de temps pour créer ta page tous les jours, quelque chose de simple et basique sera plus adapté. Si tu sais que tu apprécierais un processus de création qui demande plus de temps et d'effort (et peut-être une règle et des marqueurs), amuse-toi à faire quelque chose de plus complexe. Et, bien sûr, tu peux expérimenter différents styles de plannings journaliers, quand tu veux dans ton carnet, puisque que tu en fais un nouveau tous les jours. Voici quelques idées pour commencer.

Ma présentation quotidienne

J'écris la date en haut de la page avec un stylo coloré (souvent gris, mais il m'est arrivé de me lâcher complètement et d'utiliser du vert olive ou du bleu marine), puis, au stylo noir, je marque toutes les tâches et événements liés à mon travail sur la gauche. Juste à droite du centre de la page, j'inscris, toujours au stylo noir, toutes les tâches et événements de la journée sans rapport avec mon travail. (De temps en temps, je mets les tâches du jour dans une seule colonne, celles liées au travail en noir et les autres en gris : encore une fois, je peux être une petite folle !) La page me sert de *to-do list* tout au long de la journée et m'aide à rester organisée et concentrée.

Puis, le soir, je saute 2 lignes après ma dernière tâche et j'inscris « notes » de la même couleur que j'ai écrit la date ; en dessous je marque quelques observations personnelles, en utilisant le symbole « - ». Une fois que j'ai fini d'écrire mes notes pour la soirée, je passe à la page vide suivante et j'inscris la date du lendemain en haut, je fais migrer les tâches que je n'ai pas eu le temps de faire et recommence toute ma routine.

february 13, 2017

- [x] all-hands meeting
- × reach out to Harper
- × finish presentation notes
- [/] check-in w/ Kyle
- > email volunteers
- [x] planning call w/ Noel
- < happy hour reservation
- · respond to Ali
- × check Alpha Board posts

- > post office
- × work out
- [x] class
- > light bulbs

notes

– Managed to get to the gym before work this AM, which was a victory! Did 30 minutes on the elliptical trainer; I pushed it pretty hard but felt really great afterward.

– Am feeling really frustrated w/ Kyle; our check-in didn't happen today (Kyle was sick and worked from home) so I couldn't even try the new communication tactics Noel suggested.

– Alpha Board was a COMPLETE mess today, which meant my afternoon was no fun

– Class tonight was pretty fun... I'm finally getting more comfortable and making friends

– Sam seemed annoyed with me today, probably for being gone so much this weekend

– Taylor called me when I was on my way home and we had a nice catch-up session

Planning quotidien, deuxième prise

Plutôt que d'écrire les tâches dans une seule colonne, cet agencement permet de les écrire horizontalement, sous forme de paragraphes : ça met un peu de piment dans le format vertical habituel qu'on voit dans la plupart des carnets (et des *to-do lists* en général). Il prend moins d'espace et donne la possibilité de commencer le jour suivant directement sous celui qui précède si on le souhaite. Cela signifie également qu'un carnet de ce genre durera sans doute beaucoup plus longtemps qu'avec un autre agencement.

Je préfère créer mes pages quotidiennes le soir, parce que je peux ajouter des choses à faire le matin avant de partir de chez moi et je peux commencer à travailler dès que j'arrive au bureau. De plus, je trouve que, quand je note mes tâches avant d'aller au lit, elles m'empêchent moins souvent de m'endormir. Mais beaucoup de gens aiment faire leur carnet le matin et préfèrent créer leur page quotidienne à ce moment-là. Trouve ce qui marche le mieux pour toi et fonce !

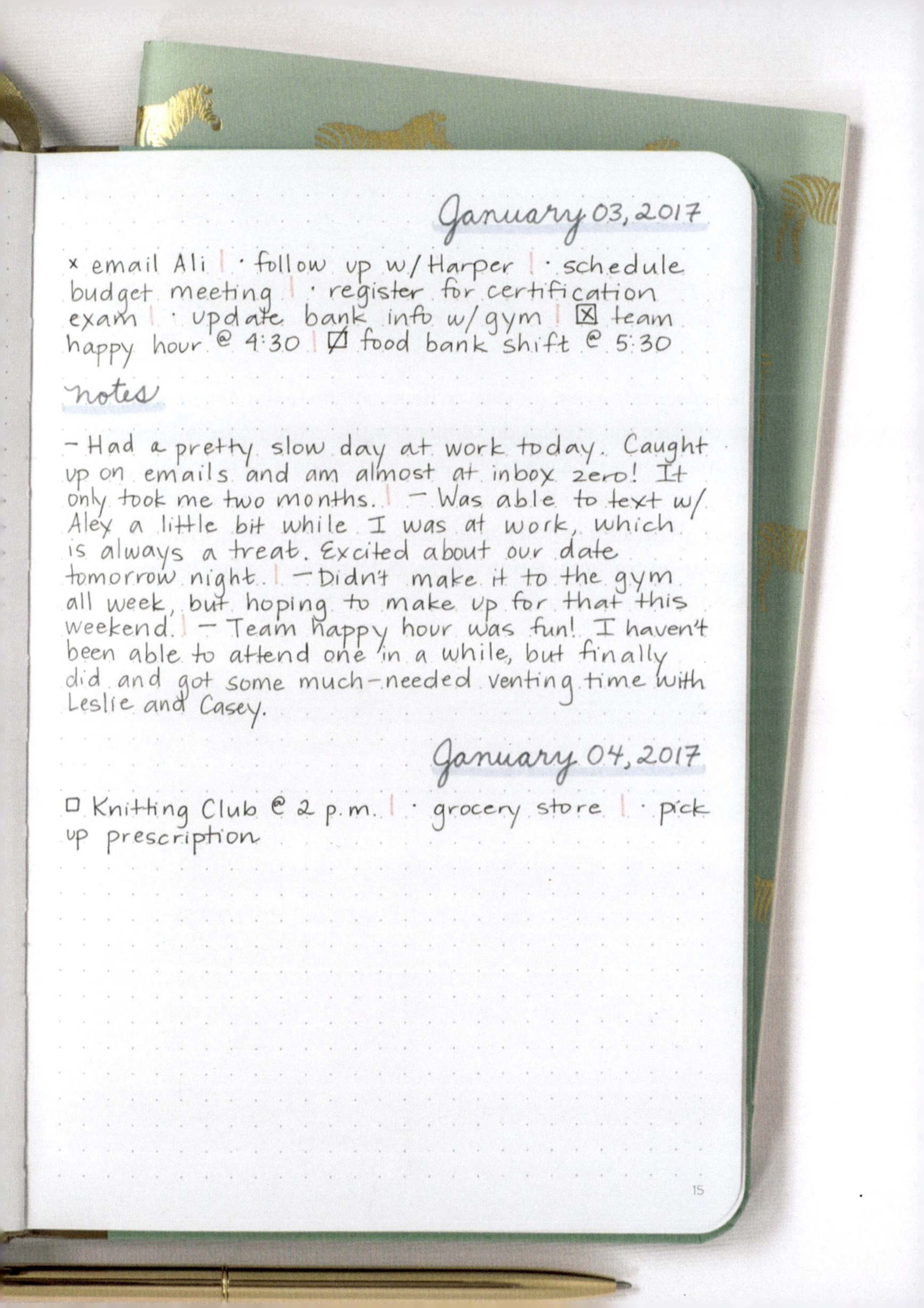
January 03, 2017
× email Ali | · follow up w/ Harper | · schedule budget meeting | · register for certification exam | · update bank info w/ gym | ☒ team happy hour @ 4:30 | ☐ food bank shift @ 5:30
notes
– Had a pretty slow day at work today. Caught up on emails and am almost at inbox zero! It only took me two months. | – Was able to text w/ Alex a little bit while I was at work, which is always a treat. Excited about our date tomorrow night. | – Didn't make it to the gym all week, but hoping to make up for that this weekend. | – Team happy hour was fun! I haven't been able to attend one in a while, but finally did and got some much-needed venting time with Leslie and Casey.
January 04, 2017
☐ Knitting Club @ 2 p.m. | · grocery store | · pick up prescription
15

Agenda heure par heure

Cette présentation est divisée en heures pour te donner la possibilité d'écrire ton emploi du temps complet, comme tu le ferais dans un *organizer*. Le côté droit de ta page reste vide et tu peux y mettre ce que tu veux ; j'ai ajouté des tâches et un petit paragraphe de journal intime à celle-ci, mais tu peux simplement utiliser l'espace pour un *tracker* quotidien consacré à tes habitudes (le sport, la consommation d'eau, les médicaments), à ton humeur, etc.

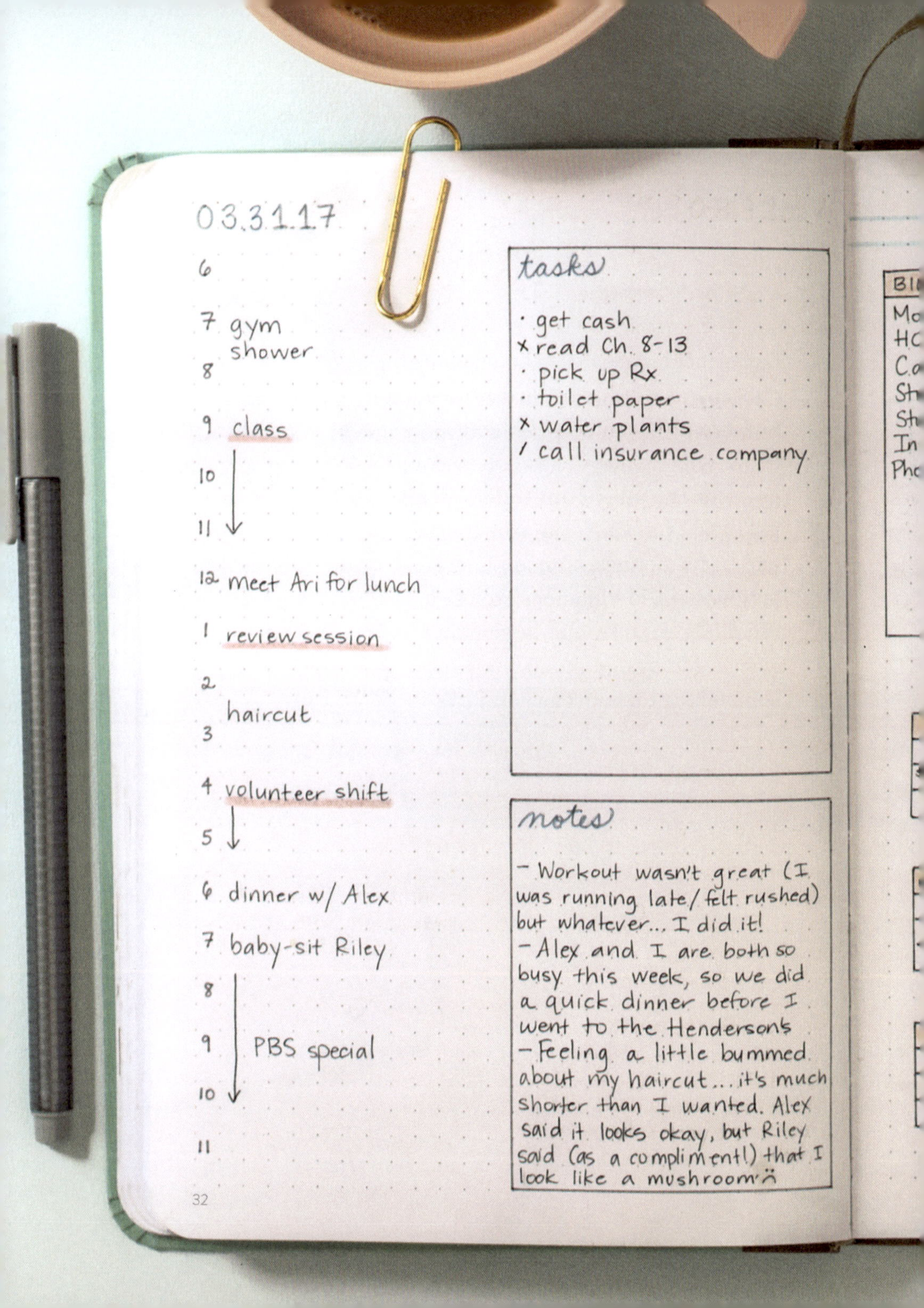
03.31.17
6
7 gym
shower
8
9 class
10
11
12 meet Ari for lunch
1 review session
2
haircut
3
4 volunteer shift
5
6 dinner w/ Alex
7 baby-sit Riley
8
9 PBS special
10
11
tasks
· get cash
x read Ch. 8-13
· pick up Rx
· toilet paper
x water plants
/ call insurance company
notes
- Workout wasn't great (I was running late/felt rushed) but whatever... I did it!
- Alex and I are both so busy this week, so we did a quick dinner before I went to the Henderson's
- Feeling a little bummed about my haircut... it's much shorter than I wanted. Alex said it looks okay, but Riley said (as a compliment!) that I look like a mushroom ☹

Plusieurs jours par page

Cet agencement est-il hebdomadaire ou quotidien ? À toi de me le dire ! Personnellement, j'ai tendance à le considérer comme hebdomadaire, mais beaucoup de gens l'appellent un *daily*[3], donc je l'inclus ici. Quel que soit le nom que tu lui donnes, tu peux le créer entièrement le dimanche soir et le remplir à mesure que la semaine avance (ce que je montre ici) ou commencer un nouveau jour juste en dessous du jour précédent, pour optimiser l'espace.

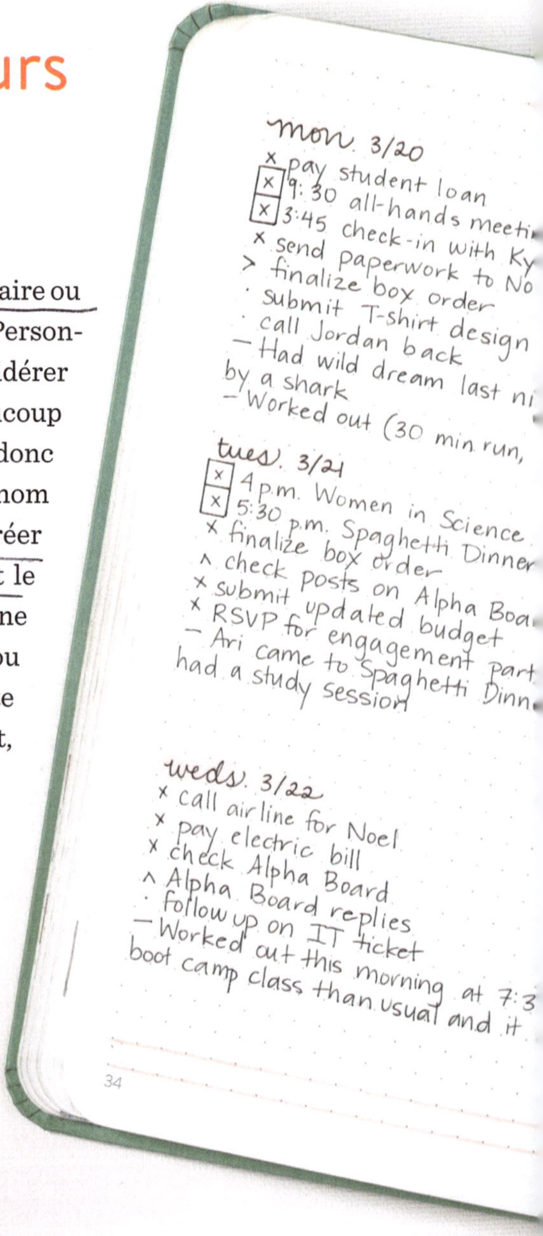

[3] Voir vocabulaire page 00.

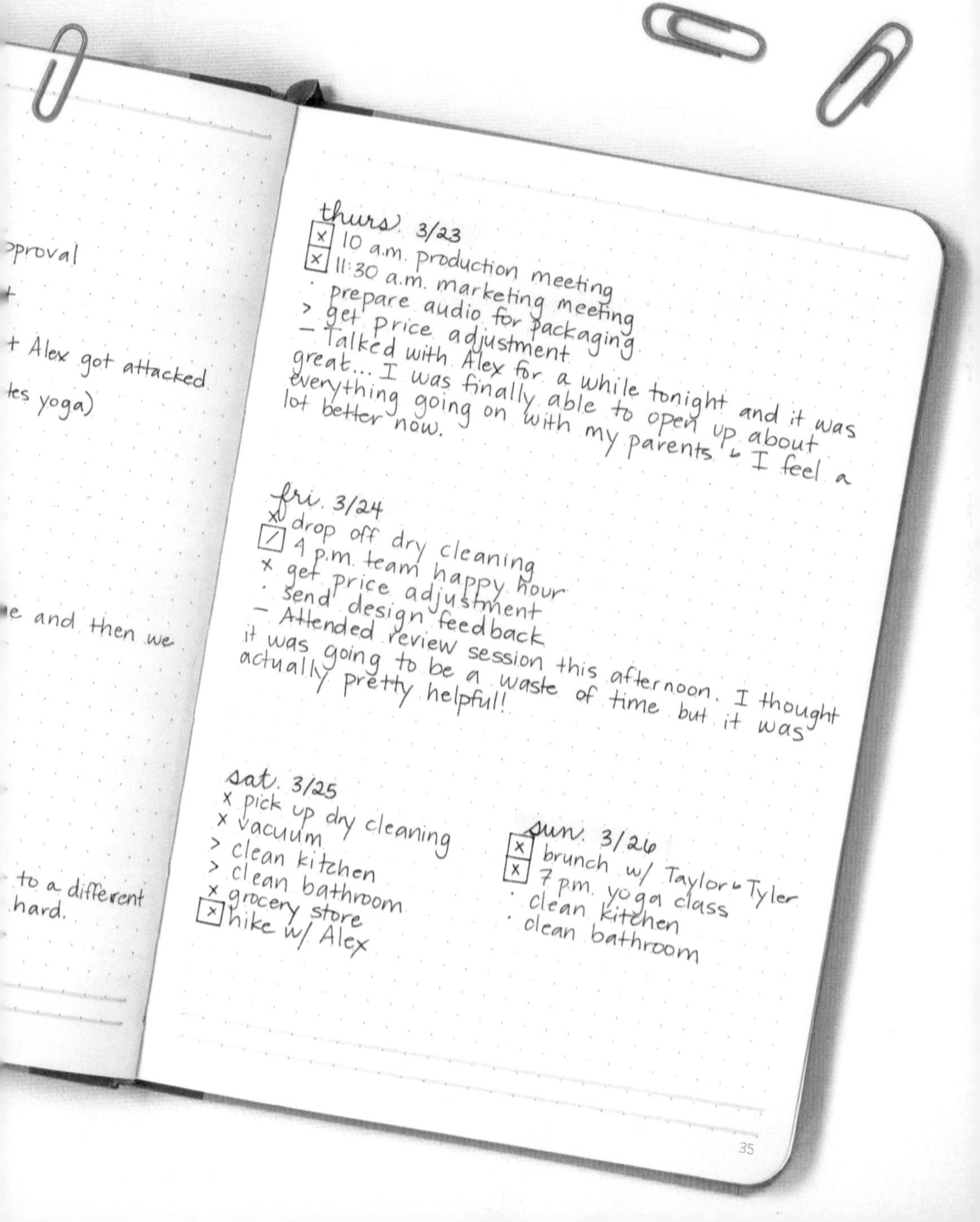
thurs. 3/23
10 a.m. production meeting
11:30 a.m. marketing meeting
prepare audio for packaging
> get price adjustment
– Talked with Alex for a while tonight and it was great... I was finally able to open up about everything going on with my parents & I feel a lot better now.
fri. 3/24
drop off dry cleaning
4 p.m. team happy hour
get price adjustment
send design feedback
– Attended review session this afternoon. I thought it was going to be a waste of time but it was actually pretty helpful!
sat. 3/25
pick up dry cleaning
vacuum
> clean kitchen
> clean bathroom
grocery store
hike w/ Alex
sun. 3/26
brunch w/ Taylor & Tyler
7 p.m. yoga class
clean kitchen
clean bathroom
35

LE PÈRE DU JOURNAL MODERNE

Samuel Pepys (prononcé « pips ») est l'un des auteurs de journal intime les plus prolifiques de l'histoire. Après son premier paragraphe de journal le 1er janvier 1660, il a rempli 3102 pages au cours des neuf années suivantes, en manquant seulement *14 jours* pendant cette période. Il écrit lors d'une époque troublée de l'histoire de Londres, qui inclut la peste de 1665 et le Grand Incendie de 1666, et a documenté politique, actualités et scènes de sa vie personnelle dans un style énergique et spontané.

Ses journaux contiennent quelques perles, et par « perles » j'entends des trucs qui m'ont fait dire « Waouh, quel con ! » Le 9 janvier 1663, Pepys *déchire et brûle* le journal de sa femme parce qu'il n'aime pas le fait qu'elle ait « écrit en anglais, souvent avec raison, sur sa vie dans l'isolement et combien cela lui est désagréable. » Oui, ce mec célèbre pour avoir écrit un journal intime a détruit celui de sa femme parce qu'*il n'aimait pas les choses vraies qu'elle écrivait sur lui.* Et aussi ! Le 3 juin 1666, M. Pepys, toujours marié, écrit dans son journal ce qu'il a fait avec une certaine Mme Martin : « Did what je Bourdais avec her, both devante and backward, which is also muy bon plazer »[4]. C'est l'une des nombreuses aventures sexuelles qu'il raconte dans son journal. Je ne suis pas sûre de ce qui est le pire : le fait qu'il ait trompé sa femme ou qu'il l'ait raconté dans un faux français bien ringard. *What a blaireau !*

[4] Ce passage, reproduit ici dans sa forme originale (un mélange d'anglais, d'espagnol et de français), décrit dans des détails évocateurs l'aventure sexuelle de M. Pepys avec Mme Martin. Le mot « bourdais » est une variante du verbe « behorder » qui signifie « pratiquer les joutes amoureuses ».

CHAPITRE 7

Utiliser ton Bullet carnet comme un journal intime ?

Dans une certaine mesure, ton Bullet carnet tout entier est un journal. Si noter rapidement quelques expressions courtes et symboles semble en contradiction avec l'idée que tu t'es toujours fait d'un journal intime (« Quoi ? Tu veux que je résume mon mariage en 3 mots ?! »), l'Histoire prouve le contraire. La manière dont les gens tiennent un journal a changé avec le temps. Même si on a désormais tendance à considérer les journaux comme des espaces privés où l'on peut écrire des paragraphes entiers de nos pensées les plus intimes, c'est une évolution plutôt récente. L'historienne Margo Culley écrit que, avant la fin du XIXe siècle, aux États-Unis, les journaux étaient des documents semi-publics où les gens (souvent des femmes) écrivaient l'histoire de leur famille et de leur communauté. Elle affirme : « Ils décrivaient dans des détails exquis les naissances, décès, maladies, visites, voyages, mariages, travaux et toute circonstance inhabituelle qui tissait leur vie. » Et pour ce qui est du format… beaucoup de journaux des XVIe et XVIIe siècles ressemblent *énormément* à des Bullet carnets.

LE JOURNAL DE MARY VIAL HOLYOKE

7 avr. [1770]. Enterrement de M. Fisk.

23. Visite chez Mme Thomas avec M. Eppes. Avons descendu les lits.

27. Fait de l'hydromel. À l'assemblée.

14 mai. Mme Mascarene ici avec Mme Crowninshield. Suis tombée gravement malade. Le docteur m'a saignée. Pris un calmant.

15. Restée au lit toute la journée.

17. Accouché d'un fils à 12 heures.

19. Le bébé est pris de crises comme les autres. Visite de l'infirmière. Décès de Mme Vans.

20. Bébé très malade. Me suis levée pour la première fois.

21. Il est mort à 11 heures du matin. A été ouvert. Origine du trouble trouvée dans les intestins. Décès de tante Holyoke.

22. Préparation. Mère Pickman ici. Mme Sarjant hier.

23. Enterrement de mon cher bébé.

28. Mme Pickman, Mlle Dowse ont pris le thé ici. Mme Jones, Lowell, Brown, Cotnam, Mlle Cotnam et Mlle Gardner sont venues me rendre visite.

29. Écrit à Boston et à Cambridge. Mme Savage a accouché. La veuve Ward a perdu 2 enfants du 25 au 29 mai à cause du mal de gorge.

30. Cato allé à Boston et revenu.

Comme d'autres journaux de l'époque, il y a peu de « je » et pratiquement zéro émotion dans l'écriture de Mary Vial Holyoke, même quand elle écrit à propos de la mort de ses bébés (elle perdra 8 de ses 12 enfants durant sa vie). Mais au XXe siècle, la pratique a changé et les journaux sont devenus plus « moi »-centrique, c'est-à-dire le style que j'ai personnellement imité presque toute ma vie. Même si ce format a son charme, on peut aussi penser que les choses sont allées trop loin dans ce sens. Dans tous les cas, le Bullet carnet est au croisement des 2 styles et c'est ce que j'aime chez lui.

Voici quelques manières pour apporter à ton Bullet carnet un côté narratif moderne comme dans un journal intime.

Ma page de journal intime

Comme je l'ai dit dans le chapitre précédent, j'écris mes paragraphes de journal juste sous mes tâches, dans une section « notes », tous les soirs. En général, j'utilise le symbole « - » réservé aux notes, mais j'emploie le symbole pour les événements quand j'écris quelque chose de particulièrement significatif. Parfois, chaque ligne est courte et rapide (exemple : « bien dormi la nuit dernière » ou « ARRRRGG ») ; d'autres fois, le symbole « notes » est suivi de plusieurs phrases complètes. Certains soirs, je n'écris que quelques lignes dans cette section ; d'autres fois, je remplis 4 pages. Ça dépend vraiment.

De temps en temps, quelque chose de vraiment important arrive et je n'ai pas le temps de le noter avant d'aller au lit. Dans ce cas, je laisse vide la section « notes » et saute une page (ou plus, si je sais que je vais avoir beaucoup à dire) avant de commencer le planning du jour suivant. Puis j'y reviens le lendemain et je remplis la case. (En général, je mets un astérisque à côté de « notes » ce jour-là pour indiquer qu'elles ont été écrites plus tard.)

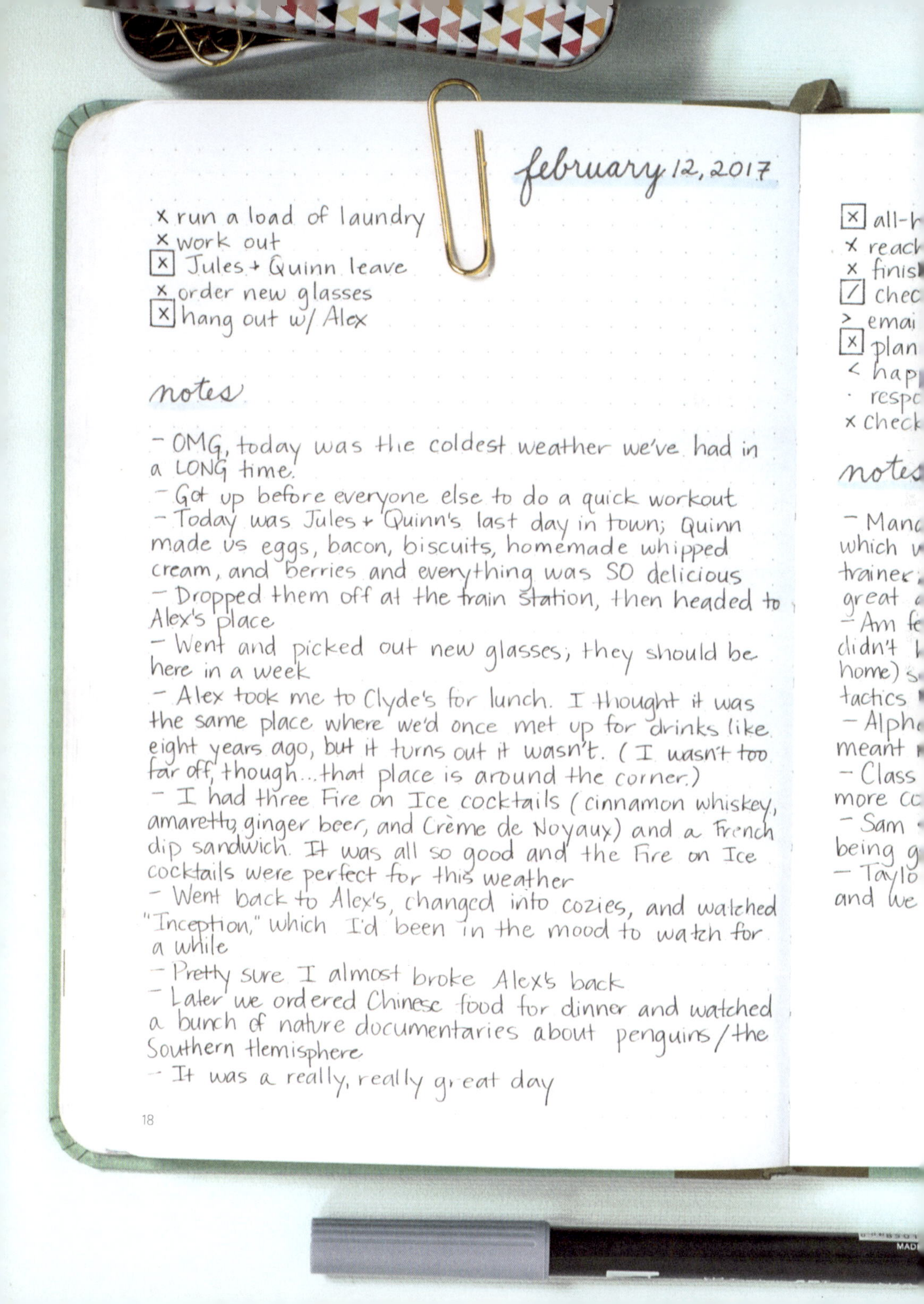
february 12, 2017
x run a load of laundry
x work out
[x] Jules + Quinn leave
x order new glasses
[x] hang out w/ Alex
notes
- OMG, today was the coldest weather we've had in a LONG time.
- Got up before everyone else to do a quick workout
- Today was Jules + Quinn's last day in town; Quinn made us eggs, bacon, biscuits, homemade whipped cream, and berries and everything was SO delicious
- Dropped them off at the train station, then headed to Alex's place
- Went and picked out new glasses; they should be here in a week
- Alex took me to Clyde's for lunch. I thought it was the same place where we'd once met up for drinks like eight years ago, but it turns out it wasn't. (I wasn't too far off, though...that place is around the corner.)
- I had three Fire on Ice cocktails (cinnamon whiskey, amaretto, ginger beer, and Crème de Noyaux) and a French dip sandwich. It was all so good and the Fire on Ice cocktails were perfect for this weather
- Went back to Alex's, changed into cozies, and watched "Inception," which I'd been in the mood to watch for a while
- Pretty sure I almost broke Alex's back
- Later we ordered Chinese food for dinner and watched a bunch of nature documentaries about penguins/the Southern Hemisphere
- It was a really, really great day
18

Phrases pour t'inspirer tous les jours

Si tu adores *l'idée* de tenir un journal, mais ne sais jamais exactement quoi écrire face à une page blanche, alors cela pourrait t'aider de créer une liste de phrases qui te poussent à écrire. En voici quelques-unes pour commencer.

Beaucoup de gens arrivent facilement à tenir un journal quand ils traversent une période difficile (tant de pages post-rupture pleines d'angoisse existentielle !), mais ne sont pas autant inspirés quand tout va bien. Évidemment, je suis moi-même tombée dans ce piège au cours de ma vie. Mais ce que j'aime dans le Bullet carnet, c'est que je suis motivée pour écrire tous les jours, quelle que soit mon humeur. En n'écrivant pas les trucs positifs (même quand ces trucs sont banals ou que tu n'as pas grand-chose à dire), tu pourrais passer à côté de moments vraiment importants de ta vie que tu regretteras de ne pas avoir inclus, plus tard.

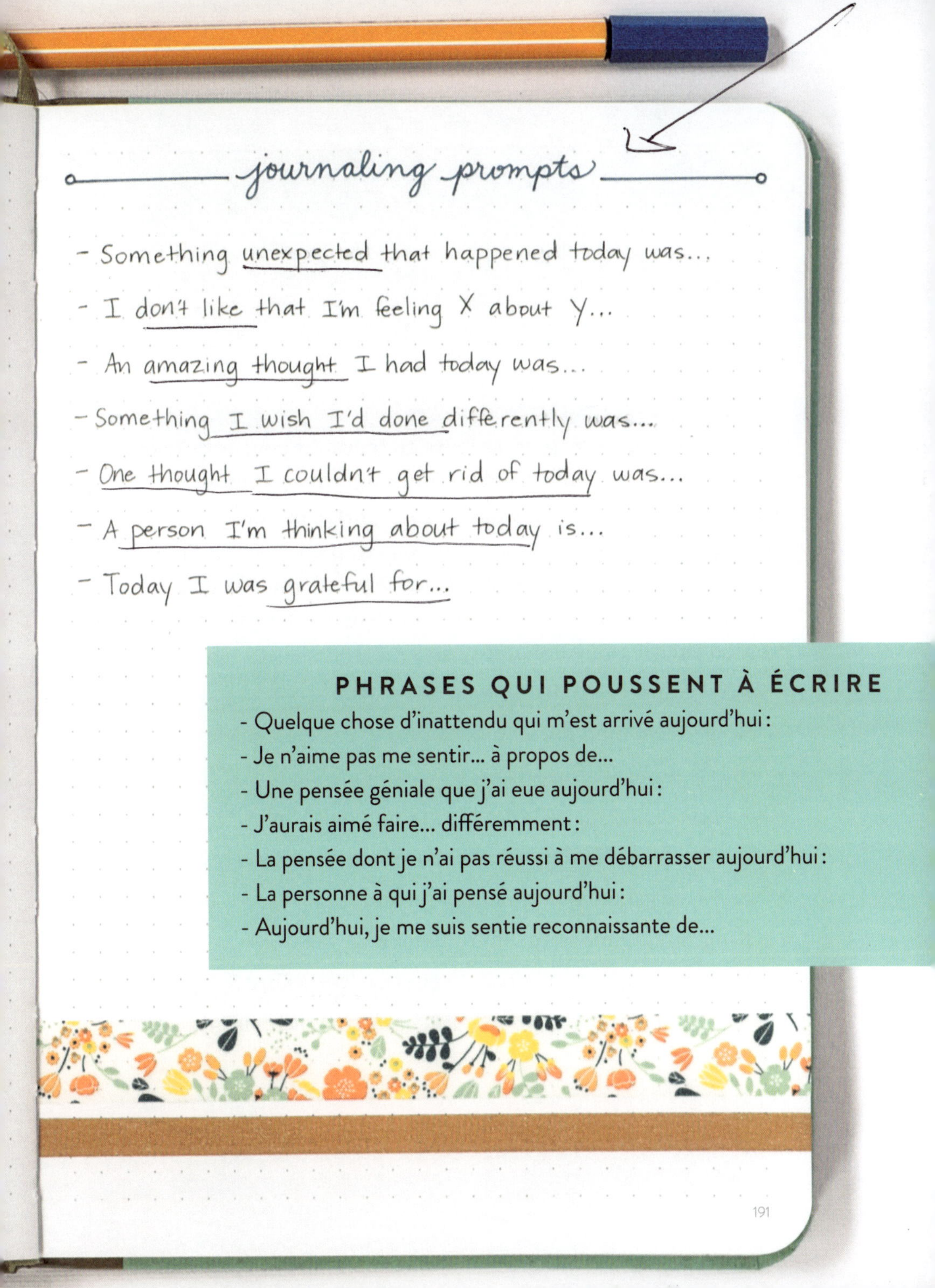

PHRASES QUI POUSSENT À ÉCRIRE

- Quelque chose d'inattendu qui m'est arrivé aujourd'hui :
- Je n'aime pas me sentir... à propos de...
- Une pensée géniale que j'ai eue aujourd'hui :
- J'aurais aimé faire... différemment :
- La pensée dont je n'ai pas réussi à me débarrasser aujourd'hui :
- La personne à qui j'ai pensé aujourd'hui :
- Aujourd'hui, je me suis sentie reconnaissante de...

Page de journal intime mensuelle

Si tu as du mal à écrire tous les jours, tu réussiras peut-être à gérer plus facilement un paragraphe de journal intime par mois (ou par semaine). C'est un moyen simple et à ta portée pour réfléchir à ce que tu ressens et te préparer mentalement pour la suite. Tu peux revenir à tes pages quotidiennes passées pour t'aider à te rappeler tout ce que tu as fait au cours du mois écoulé et/ou trouver de l'inspiration dans les questions suivantes :

- Qu'ai-je appris ce mois-ci ?
- Qu'ai-je accompli ?
- Qu'est-ce qui m'a surpris ?
- Quel est le jour du mois dont je me souviens le plus ?
- Qui a joué un rôle important dans ma vie ce mois-ci ?
- Quel a été le meilleur moment ? Le pire ?
- Qu'aurais-je aimé faire différemment ?
- Qu'ai-je commencé à faire ? Qu'ai-je arrêté de faire ?
- Quels sont les objectifs que je veux atteindre le mois prochain ?

№ 05.17

This month, I started working on Project Beta Fish, something I have wanted to do for SO long, but it's turning out to be so much more challenging than I expected. I thought the application was difficult, but HO BOY— that was just the beginning. I wish I'd known how much mental energy this would take up. Had I realized, I probably wouldn't have chosen this month to take on extra shifts at the food bank, or to help plan Taylor + Tyler's joint wedding shower. Woof. I'm exhausted.

There were a couple low moments this month. The first was when I came home and found Sam and Dakota in bed together. In my own bed! IN MY OWN HOUSE!!! The Project Beta Fish kick-off meeting was also rough. I got so stressed out and lost my temper in front of the children. I apologized to everyone, but I'm just so embarrassed. The best moment from this month was Taylor and Tyler's wedding shower. Even though the planning process was annoying at times, it was worth it in the end. They make such a great couple, and getting to meet Tyler's extended family at the shower was wonderful. I'm very excited for the wedding next month — I love these two so, so much and can't wait to see them tie the knot!

Next month, I expect Project Beta Fish to take up even more time, which means I'll have less time for Alex and Sam, which is a bummer, but I hope they'll be supportive since they know how much this means to me. I also want to get back to flossing every day! Such a small thing, but it really matters.

Section séparée «journal intime»

Si tu ne veux pas mélanger tes listes de tâches quotidiennes et ton journal intime (souhait parfaitement raisonnable si, par exemple, tu as l'intention de garder ton Bullet carnet ouvert sur ton bureau toute la journée au boulot), il existe une solution alternative très simple. Commence une section journal vers le milieu de ton carnet. Puis, dès que tu écris un nouveau paragraphe dans cette section, note le numéro de page quelque part sur la *to-do list* quotidienne correspondante, un peu comme une note de fin dans un livre. (C'est aussi une bonne idée pour les gens qui font l'essentiel de leur Bullet carnet au niveau hebdomadaire ou qui décident d'avoir plusieurs cahiers.)

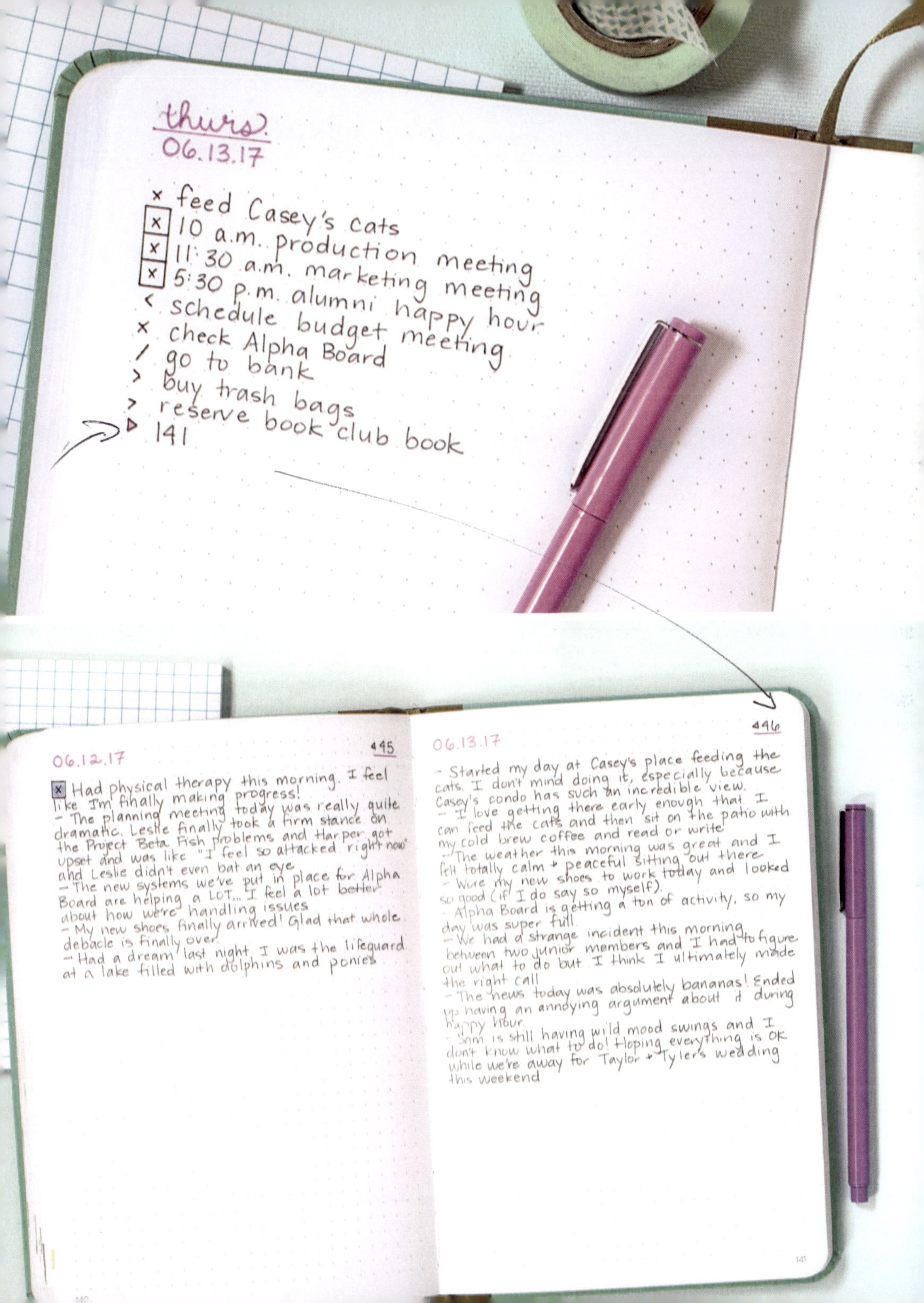
thurs.
06.13.17
× feed Casey's cats
10 a.m. production meeting
11:30 a.m. marketing meeting
5:30 p.m. alumni happy hour
< schedule budget meeting
× Check Alpha Board
/ go to bank
> buy trash bags
> reserve book club book
141
06.12.17
445
Had physical therapy this morning. I feel like I'm finally making progress!
- The planning meeting today was really quite dramatic. Leslie finally took a firm stance on the Project Beta Fish problems and Harper got upset and was like "I feel so attacked right now" and Leslie didn't even bat an eye
- The new systems we've put in place for Alpha Board are helping a LOT... I feel a lot better about how we're handling issues
- My new shoes finally arrived! Glad that whole debacle is finally over
- Had a dream last night I was the lifeguard at a lake filled with dolphins and ponies
06.13.17
446
- Started my day at Casey's place feeding the cats. I don't mind doing it, especially because Casey's condo has such an incredible view.
- I love getting there early enough that I can feed the cats and then sit on the patio with my cold brew coffee and read or write
- The weather this morning was great and I felt totally calm + peaceful sitting out there
- Wore my new shoes to work today and looked so good (if I do say so myself).
- Alpha Board is getting a ton of activity, so my day was super full
- We had a strange incident this morning between two junior members and I had to figure out what to do but I think I ultimately made the right call
- The news today was absolutely bananas! Ended up having an annoying argument about it during happy hour
- Sam is still having wild mood swings and I don't know what to do! Hoping everything is OK while we're away for Taylor + Tyler's wedding this weekend
141

« À QUEL POINT DOIS-JE ÊTRE HONNÊTE DANS MON BULLET CARNET ? »

Personnellement, je vote pour « très honnête ».

Enfin, comprends-moi bien : dans les cas où écrire la vérité à propos d'une certaine situation pourrait se retourner contre toi et te blesser si la mauvaise personne la lisait, alors, bien sûr, sois prudent. Mais si tu as juste honte de tes propres sentiments ou peur que ton « moi futur » juge ce que ton « moi actuel » est en train d'écrire, je t'encourage à être franc et à inclure *beaucoup* de détails. (Cela vaut aussi pour tes tâches et objectifs ; sois honnête à propos de ce que tu veux faire, de ce qui te motive et de ce que tu veux ou ne veux pas accomplir.)

J'ai récemment relu les journaux que j'ai écrits au lycée et à la fac, et j'ai été frappée par le manque de contexte autour des événements importants. J'étais persuadée que je me rappellerais exactement qui étaient ces gens et n'imaginais pas une seconde que j'oublierais le contexte dans lequel ces événements se déroulaient au jour le jour. En fait... je ne m'en souviens pas *du tout*. J'étais aussi délibérément vague dans plusieurs cas parce que j'étais gênée d'écrire la vérité, pour une raison ou pour une autre, et maintenant je n'ai aucune idée de ce dont j'étais en train de parler. Bien sûr, certaines des pages les plus honnêtes de mes vieux journaux intimes sont *profondément* gênantes (je rougis rien que d'y penser !), mais bon... j'ai fait des trucs gênants dans ma vie !

Regarder en arrière, avoir envie de rentrer sous terre et me rassurer sur le fait que j'ai grandi et changé, c'est le but, quand même.

Ce que j'essaye de te dire, c'est... oui, tu devrais raconter tous les trucs sexuels.

D'un autre côté... Je te conseille de ne pas *trop* t'attacher à *l'authenticité*. Pendant des années, j'avais dans la tête beaucoup de règles arbitraires sur les journaux intimes. Je devais raconter les événements le jour même où ils étaient arrivés, sinon je ne pouvais pas les écrire du tout. Je n'avais pas le droit d'ajouter des détails à mes paragraphes plus tard ou de les modifier si je ne m'étais pas souvenue de quelque chose correctement. Si je citais quelqu'un, je devais me rappeler ses paroles exactes (si bien qu'en fait je ne citais jamais personne). Mais ce type de restrictions peut être si étouffant qu'il te donne envie d'abandonner complètement ton journal intime. Avec le recul, j'aurais aimé comprendre qu'il n'y avait pas de « police du journal intime » qui regardait par-dessus mon épaule et que ces « règles » n'existaient que dans ma tête. En fait, personne n'en a rien à faire et personne ne les suit.

J'ai été récemment étonnée d'apprendre que certains des journaux intimes les plus connus dans le monde ont été *fortement* modifiés par leurs auteurs à posteriori. Deux ans après avoir commencé son désormais célèbre journal, Anne Frank s'est mise à modifier les pages qu'elle avait écrites au début, après avoir entendu dans une émission de radio qu'un membre du gouvernement néerlandais en exil voulait publier son propre récit de la guerre. Elle a continué à écrire de nouvelles pages, mais a également fini par réecrire presque les deux tiers de son journal avant d'être arrêtée en août 1944. Ses changements et ajouts ont permis de fournir un contexte aux lecteurs futurs et ont davantage rapproché son journal de la narration. Tout ça pour dire : aucun journal n'est « parfait » dans sa forme originale, *surtout* ceux qui n'ont pas été écrits par un écrivain professionnel avec un public en tête. Tout comme un look « naturel » exige en général une certaine quantité de maquillage, la plupart des journaux qui ont été publiés ont dû être édités, donc modifiés.

Je ne suis pas en train de te dire que tu devrais revenir à un jour où tu étais vraiment énervée et écrire : « Waouh, qui a pris mon journal et a écrit cette page complètement dingue ? Sûrement pas moi, qui vais parfaitement bien et n'ai absolument rien ressenti à propos de ce truc ! » Je dis juste qu'il n'y a pas de honte à écrire la page du 12 juin le 15 juin par exemple.

PAGE ORIGINALE DU JOURNAL D'ANNE FRANK

Ce matin nous étions contents que le plombier ne soit pas venu, parce que son fils, qui était en Allemagne et en est revenu, doit y repartir, parce qu'il a reçu une autre convocation. M. Levinsohn est venu à sa place, il devait faire bouillir des échantillons pour M. Kugler. Ce n'était pas très agréable parce que cette personne, tout comme le plombier, connaît toute la maison et nous avons dû nous faire discrets comme des souris.

≈

PAGE RÉVISÉE DU JOURNAL D'ANNE FRANK

Maintenant, pendant la journée, c'est le calme plat; Levinsohn, un petit pharmacien et chimiste juif, travaille dans la cuisine pour M. Kugler. Il connaît la maison de fond en comble, aussi avons-nous tout le temps peur qu'il ait l'idée d'aller jeter un coup d'œil dans l'ancien laboratoire. Nous ne faisons pas plus de bruits que des souriceaux. Qui aurait pu croire, il y a trois mois, qu'Anne vif-argent serait obligée et capable de rester immobile pendant des heures ?[5]

[5] Traduction par Phillipe Noble et Isabelle Rosselin-Bobulesco chez Calmann-Lévy, 2017. (*N.d.T.*)

« J'AI PEUR QUE QUELQU'UN REGARDE MON BULLET CARNET ET DÉCOUVRE UN TAS D'INFORMATIONS QUI NE LUI SONT PAS DESTINÉES. »

J'ai eu la chance de grandir dans une maison où je n'avais pas trop à m'inquiéter que quelqu'un d'autre lise mon journal. Ma mère était géniale quand il s'agissait de respecter mon intimité et quand elle disait qu'elle ne lirait jamais mon journal, je savais que je pouvais la croire. J'ai fait l'erreur de supposer que tout le monde partageait son point de vue et j'ai été détrompée brutalement en CM2 quand une de mes cousines a lu mon journal et arraché une page qui disait des choses (vraies !) sur elle. J'étais choquée et furieuse. Je me suis rendu compte que lire le journal de quelqu'un d'autre est une violation *très grave* de son intimité.

Depuis, je mets un point d'honneur à dire à tous les gens concernés que mon journal est privé et que le lire serait un crime impardonnable, ce qui veut dire, en gros : « Si tu lis mon journal et vois quelque chose sur toi qui ne te plaît pas, tu n'as pas le droit de te mettre en colère contre moi. » Et je n'ai jamais eu d'autres problèmes avec des fouineurs (pas que je sache en tout cas !).

Bien sûr, on n'est pas tous entourés de gens qui respectent nos limites et tu es en droit, avec raison, de t'inquiéter pour ton intimité quand tu commences ton Bullet carnet. Voici quelques conseils pour décourager les gens de fouiner :

1. **Si ton carnet est privé, dis-le à tes colocataires/partenaires/enfants.** Certaines personnes peuvent tomber sur un cahier inconnu et penser : « Oh, oh, c'est quoi ça ? », l'ouvrir et tomber accidentellement sur quelque chose qu'elles n'auraient pas dû voir, avant même d'avoir pu se rendre compte de ce qui se passait. Alors fais-le savoir aux gens : « Ceci est mon Bullet carnet ! Si tu le touches, je te coupe les doigts. » Puis offre-leur ton plus beau sourire (« T'inquiète, je ne suis pas un tueur en série… ou peut-être que si ? ») et remets-toi à travailler sur ta nouvelle page comme si de rien n'était.

2. **Si ça te rassure de mettre ton carnet sous clé quand il n'est pas avec toi… vas-y !** Ton cœur se trouve dans ces pages et tu as le droit de vouloir le protéger.

3. **Sois discret.** Si tu laisses ton cahier sur la table de la cuisine, ouvert à une page où tu as poussé un sale coup gueule contre quelqu'un avec qui tu vis… et que cette personne le voit et lit, eh bien !… je ne prends parti pour personne dans ce cas-là.

4. **Utilise un code.** Bon, je ne suis pas en train de te dire que tu devrais apprendre l'elfique juste pour ton Bullet carnet… *mais* si tu connais déjà les runes, le chiffre des francs-maçons ou même juste la sténographie (ou

que tu as envie d'apprendre l'un de ces codes depuis un moment), fonce ! Tu peux aussi écrire dans une langue étrangère si tu en connais une. Bien sûr, aucune de ces méthodes ne trompera la CIA, mais elles te permettront de tenir profondément en échec les curieux qui jettent un coup d'œil par-dessus ton épaule.

5. **Ne fais pas de ton Bullet carnet un fruit défendu.** Je pense que si mon entourage proche n'est pas intéressé par mon Bullet carnet, c'est en partie parce que (A) je suis très honnête dans la vraie vie, donc les gens ne meurent pas d'envie d'en savoir plus, et (B) je n'en fais pas toute une histoire ni ne traite mon carnet comme la grande cachette de tous mes secrets. En gros, joue-la cool, mon vieux.

« ET SI JE VEUX PARTAGER AVEC D'AUTRES DES CHOSES QUE J'AI ÉCRITES DANS MON BULLET CARNET ? »

Eh bien, tu ne serais pas la première personne qui en aies envie ! Pendant des siècles, les journaux étaient, dans une certaine mesure, publics, au moins au sein d'une famille. À l'époque victorienne, les parents lisaient souvent le journal de leurs filles et y laissaient parfois des mots. Louisa May Alcott et ses sœurs lisaient leurs journaux à haute voix. Et, dans les pensionnats, les jeunes filles se rassemblaient parfois pour écrire ensemble, partageaient ce qu'elles disaient les unes des autres dans leurs journaux pour forger leur amitié et écrivaient même dans les carnets de leurs compagnes.

Personnellement, je ne donnerai jamais mon cahier à quelqu'un pour qu'il le lise en entier ; mais cela ne me pose aucun problème, à l'occasion, de lire des extraits à voix haute à certaines personnes ou d'envoyer des photos d'anciens passages à mes amis par texto. Une de mes amies s'est rendu compte que, quand elle était en désaccord profond avec son mari, cela les aidait tous les deux qu'elle écrive ses pensées sous forme de lettre dans son journal et la lui lise à haute voix. Donc, si quelque chose de ce genre peut te convenir, fonce !

Tu peux aussi pousser à fond l'approche *complètement* ouverte. Léon Tolstoï et sa femme Sonya sont célèbres pour avoir partagé leurs journaux pendant leurs quarante-deux ans de mariage. Cela a-t-il eu un impact sur ce qu'ils ont écrit dans leur journal et la façon dont ils l'ont écrit ? Sans aucun doute. Léon a-t-il lu une nouvelle que Sonya avait écrite dans son journal à propos de 3 sœurs amoureuses du même homme, avant de baser la famille Rostov de son roman *Guerre et Paix* sur ces personnages ? Oh, que oui ! Mais s'ils étaient tous les deux d'accord sur cette approche du journal intime, qui suis-je pour juger ?

CHAPITRE 8

Pages santé et fitness

Le système de Bullet carnet va naturellement de pair avec le suivi des tâches et des activités liées à la santé. Si certaines choses peuvent paraître évidentes (comme utiliser le carnet pour consigner tes séances d'entraînement ou tes repas), personnellement, j'adore utiliser mon Bullet carnet pour des choses basiques que je négligerais sans ça. En vieillissant, j'ai commencé à faire plus attention à tout, du sommeil et des médicaments, à la caféine, l'hygiène et la consommation d'alcool. Suivre mes problèmes de près (maux de tête, épuisement, anxiété, irritabilité) à mesure qu'ils surviennent m'aide à repérer des symptômes qui pourraient être le signe de quelque chose de plus grave ; et c'est aussi utile quand mon médecin me demande, inévitablement : « Quand avez-vous remarqué ceci pour la première fois ? ». Maintenant, c'est tout noté !

Les *trackers* de ce chapitre ont été conçus grâce à la contribution d'Andrea Bonior, psychologue clinicienne, et d'Anna Borges, reporter médicale géniale (et amie) ; ils peuvent te motiver, t'aider à poursuivre tes buts et, en fin de compte, te permettre de prendre mieux soin de toi, physiquement et mentalement. « Quand la vie et les émotions paraissent complètement incontrôlables ou chaotiques, les organiser dans une structure systématique a quelque chose de thérapeutique, dit Andrea Bonior. On met les choses à plat sous une forme esthétique et elles paraissent déjà plus gérables. Ça donne l'impression qu'on peut les faire et s'en sortir. C'est un luxe, aussi. C'est comme si on disait : "Je le vaux bien. Je mérite ce cahier et le temps que cela me prend de le transformer en un bel objet". »

Avant de commencer un suivi de tes habitudes liées à la santé, fixe-toi des objectifs réalistes pour ne pas te sentir découragé si tu as un jour sans (ou... *plusieurs* jours sans). Andrea Bonior affirme qu'il vaut mieux ne pas commencer un *tracker* avec l'idée qu'il aura l'air parfait à la fin du mois. Le principal, c'est qu'il reflète ta vraie vie et t'aide à t'améliorer.

Méga-*tracker* mensuel pour *tout*

Cette disposition fait passer le *tracker* mensuel du chapitre 4 au niveau supérieur et te donne la possibilité de tout voir au même endroit. Comme ça tu peux observer les connexions qui existent entre ce que tu fais (ou ne fais pas) et ce que tu ressens.

D'abord, il y a une section pour ce que tu ressens physiquement. Cela inclut les maux de tête, les nausées et autre problèmes d'estomac, l'envie de dormir et l'appétit. Ensuite, cela concerne les habitudes et comportements (bons et mauvais) qui peuvent affecter ta santé mentale et physique. (Exemple : doses d'alcool, heures de sommeil, de télé, quantités de caféine, médicaments, minutes de sport, hygiène, habitudes quotidiennes comme faire ton lit, et temps passé avec des amis.) Pour finir, tu peux en venir à tes humeurs. (Le *tracker* donné en exemple contient un éventail d'humeurs : irrité, stressé, énervé, ému, triste, concentré, distrait, satisfait et heureux. Et tu peux ajouter « conflits » pour... les jours où tu entres en conflit avec les autres.) Cela t'aide à noter ce qui peut affecter ton humeur (tu as peut-être trop bu ou pas assez dormi ou passé trop de temps seul). Au-delà de ça, Andrea Bonior ajoute que simplement reconnaître tes émotions a beaucoup d'importance. Plutôt que d'ignorer tes sentiments ou de les dénigrer (ce qui peut te causer

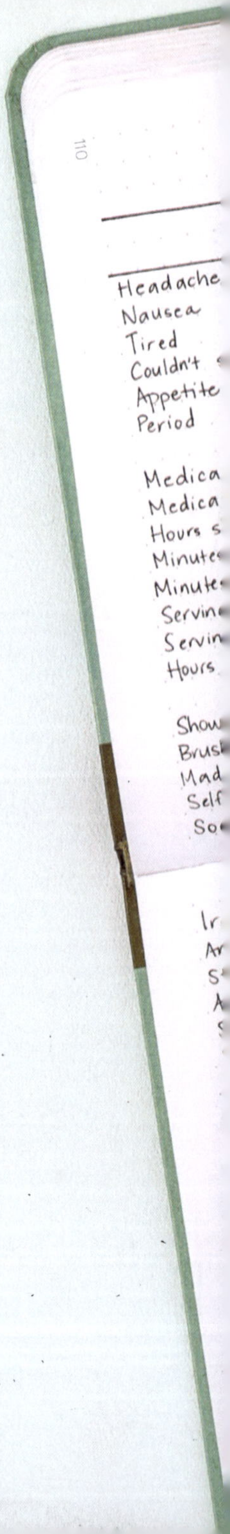

mind + body
W T F S S M T W T F S S M T W T F S S M T W T F S S M T W
2 3 4 5 6 7 8 9 10 11 12 13 14 15 16 17 18 19 20 21 22 23 24 25 26 27 28 29 30 31

des problèmes à l'avenir), tu admets qu'ils sont réels.

Pour noter tes humeurs dans ce *tracker*, tu peux simplement colorier la case ou y faire une croix pour indiquer « oui, j'ai ressenti ça aujourd'hui ». Sinon, tu peux évaluer l'intensité de ton humeur sur une échelle de 1 à 5 (où 1 signifie : « J'ai plus ou moins ressenti ça » et 5 : « OH, LA LA ! J'AI CARRÉMENT RESSENTI ÇA »). Ou tu peux utiliser un symbole qui indique : « J'ai expliqué plus en détail ce que j'ai ressenti sur une autre page ». Puis tu peux le développer sur ta page quotidienne ou sur une page différente que tu as mise de côté pour ces observations.

“

Dans le journal intime, on trouve la preuve que, dans des situations qui sembleraient aujourd’hui insoutenables, on a vécu, regardé autour de soi et noté des observations, que cette main droite a bougé, alors, comme elle bouge aujourd’hui, où nous sommes peut-être plus sages car nous pouvons regarder en arrière vers notre ancienne condition et, précisément pour cette raison, devons admettre le courage de nos efforts passés, dans lesquels nous avons persisté, même dans l’ignorance la plus totale.

FRANZ KAFKA

”

Suivi du sommeil

Le sommeil est le fondement de tous mes objectifs de vie saine. C'est impossible pour moi de manger sainement ou de faire de l'exercice quand je suis épuisée ; utiliser un *tracker* pour voir comment je m'en sors s'est révélé extrêmement utile. Tu peux consigner l'heure à laquelle tu es allé au lit et à laquelle tu t'es levé, prendre note de toute sieste que tu as faite et décrire comment tu t'es senti le lendemain.

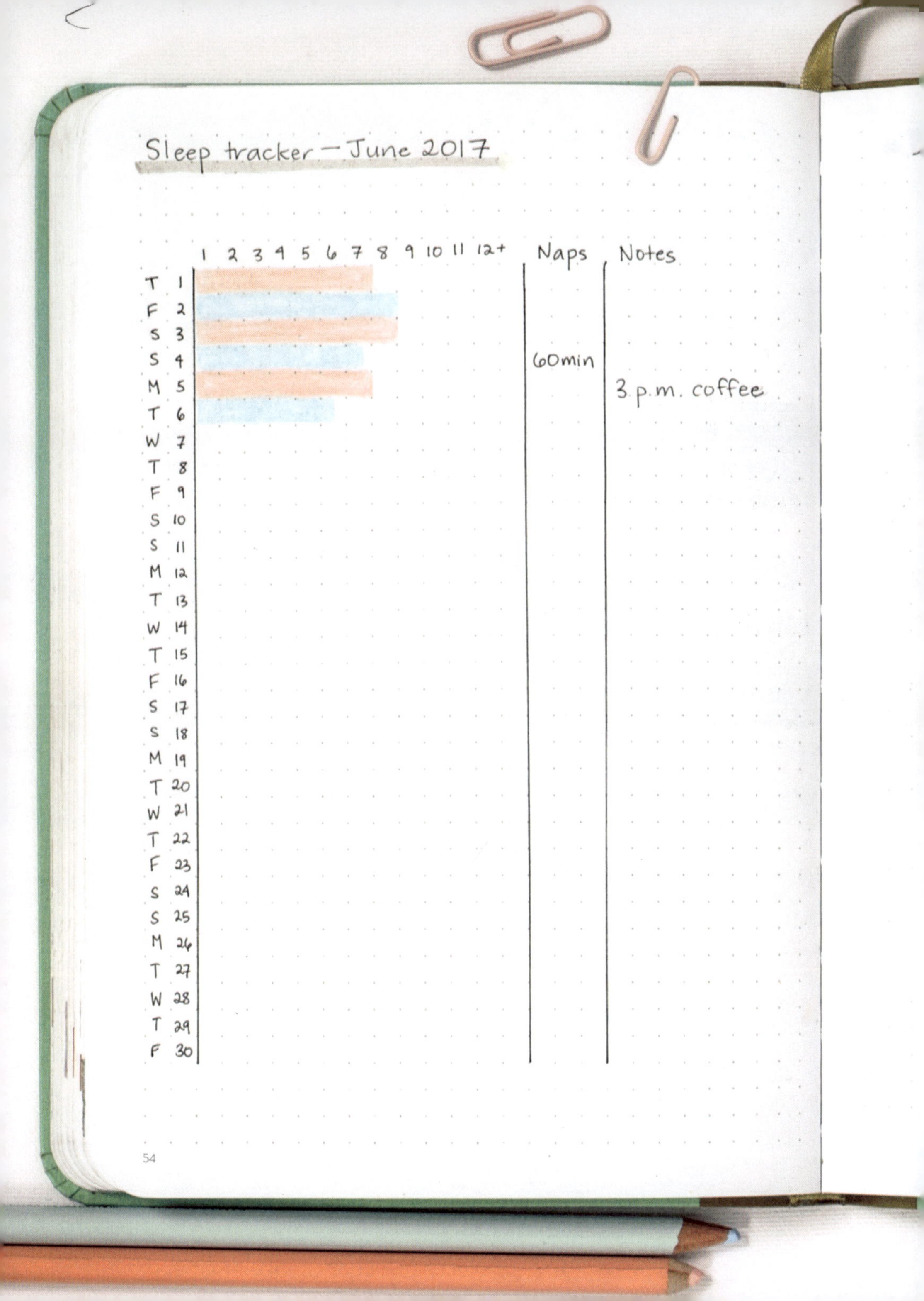
Sleep tracker – June 2017
1 2 3 4 5 6 7 8 9 10 11 12+
Naps
Notes
T 1
F 2
S 3
S 4
M 5
T 6
W 7
T 8
F 9
S 10
S 11
M 12
T 13
W 14
T 15
F 16
S 17
S 18
M 19
T 20
W 21
T 22
F 23
S 24
S 25
M 26
T 27
W 28
T 29
F 30
60min
3 p.m. coffee

Page quotidienne de suivi de santé

Cet agencement est une manière simple et élégante de suivre ta santé physique et mentale au jour le jour ; tu peux faire ça à la place d'un *tracker* mensuel global ou en plus de celui-ci. Une présentation quotidienne permet de faire table rase tous les matins et cela convient particulièrement aux gens qui savent que manquer une seule séance de sport ou manger un seul repas déséquilibré peut leur donner envie d'abandonner complètement.

W.W!!

PTO

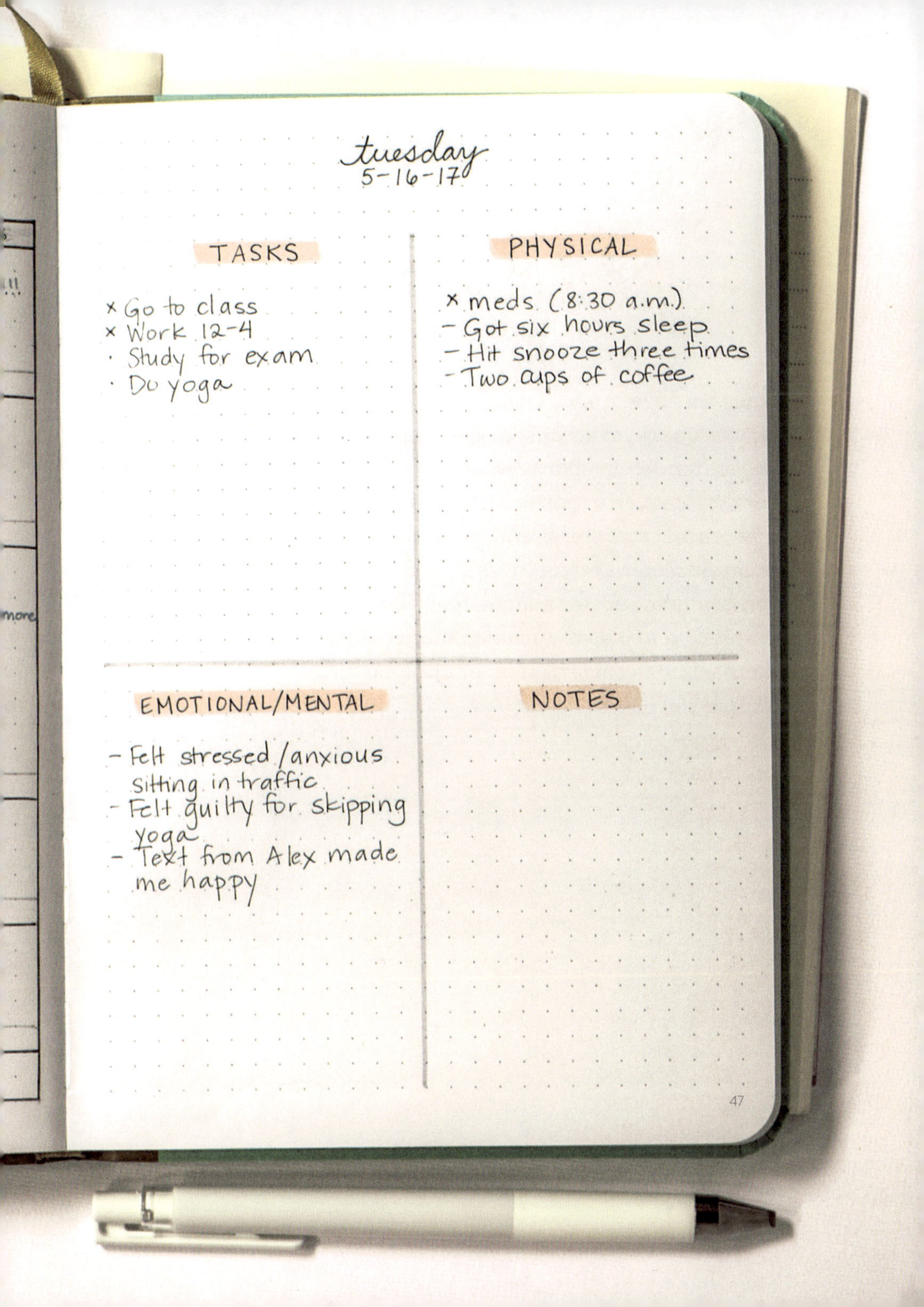
tuesday
5-16-17
TASKS
× Go to class
× Work 12-4
· Study for exam
· Do yoga
PHYSICAL
× meds (8:30 a.m.)
– Got six hours sleep
– Hit snooze three times
– Two cups of coffee
EMOTIONAL/MENTAL
– Felt stressed/anxious sitting in traffic
– Felt guilty for skipping yoga
– Text from Alex made me happy
NOTES
47

Journal alimentaire

Seuls toi et le professionnel de santé qui te suit savez si consigner ce que tu manges est adapté à ta situation. En effet, cela peut engendrer des comportements obsessionnels chez certaines personnes. Mais, si tu aspires à faire plus attention à tes habitudes alimentaires, cette présentation sous forme de journal alimentaire pourrait t'aider à atteindre ces objectifs. La section « notes » n'est pas là pour te pousser à suranalyser tout ce que tu manges ; elle est plutôt là, si nécessaire, pour ajouter des émotions ou du contexte dans le but de t'aider à repérer des tendances et te permettre de nourrir ton corps plus facilement (« Est-ce que j'avais très faim ? Est-ce que j'étais stressé pendant ce repas ? Est-ce que je me suis senti plus mal après manger ? »).

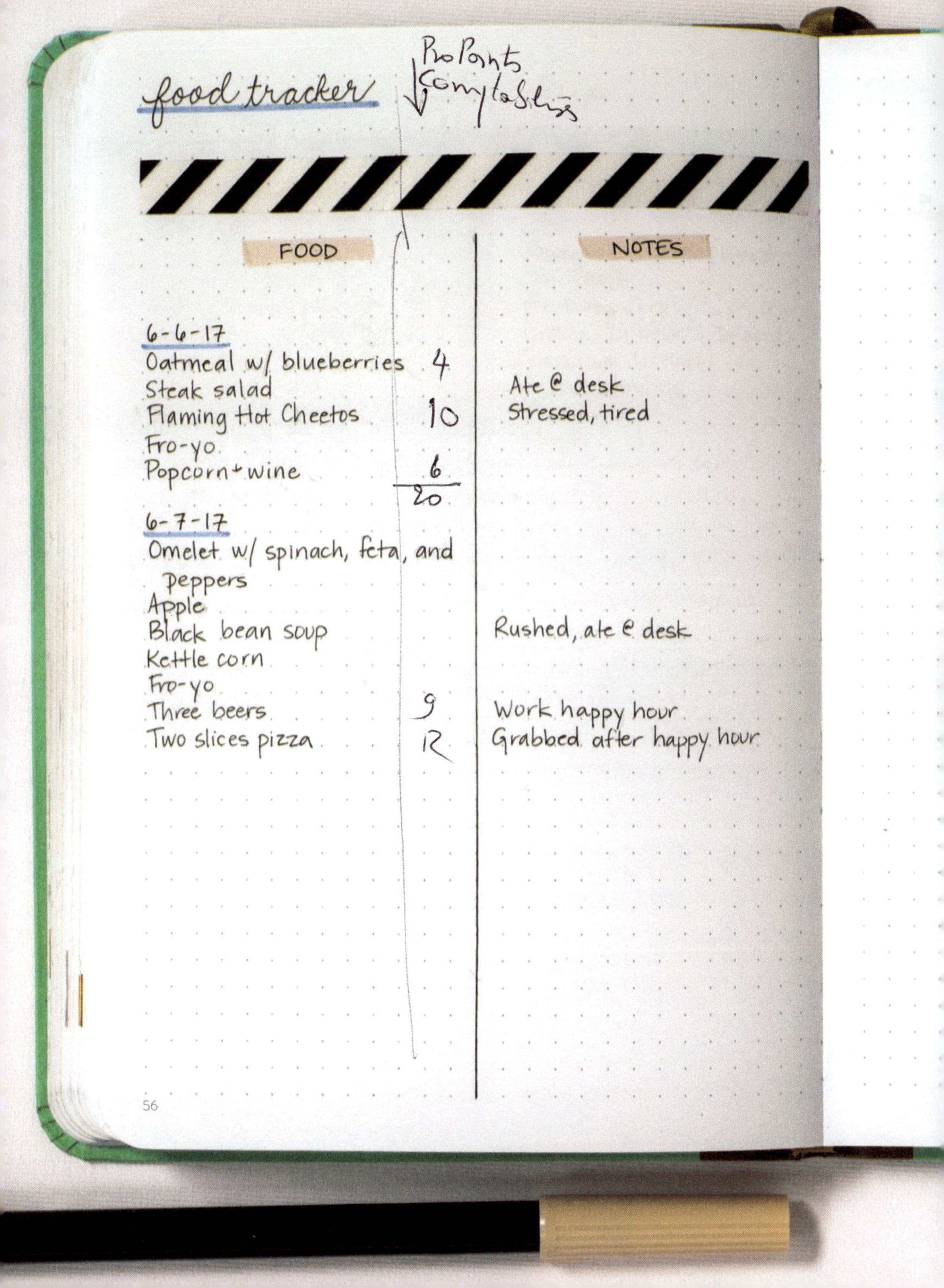
food tracker
ProPoints
FOOD
NOTES
6-6-17
Oatmeal w/ blueberries 4
Steak salad
Ate @ desk
Flaming Hot Cheetos 10
Stressed, tired
Fro-yo
Popcorn + wine 6
20
6-7-17
Omelet w/ spinach, feta, and peppers
Apple
Black bean soup
Rushed, ate @ desk
Kettle corn
Fro-yo
Three beers 9
Work happy hour
Two slices pizza 12
Grabbed after happy hour
56

Suivi de ton entraînement sur toute l'année

Ce *tracker* sur l'ensemble de l'année te permet de visualiser toutes tes séances de sport de l'année en un seul endroit. Il n'entre pas dans le détail, mais reste une chouette manière de voir à quelle fréquence tu bouges et transpires. Tu peux aussi te limiter à un *type* de sport, comme le jogging ou le yoga.

Si tu veux être plus précis, tu peux utiliser différentes couleurs pour distinguer différents types de sports, leur durée ou la distance couverte. (Sur la photo, au mois d'avril, j'ai utilisé le bleu pour le jogging et le rose pour le yoga.) Et si tu as un objectif pour un mois précis (par exemple, aller à une classe de sport particulière tous les mardis et jeudis), tu peux d'avance entourer les jours, puis faire une croix dans la case quand tu as fait une séance de sport.

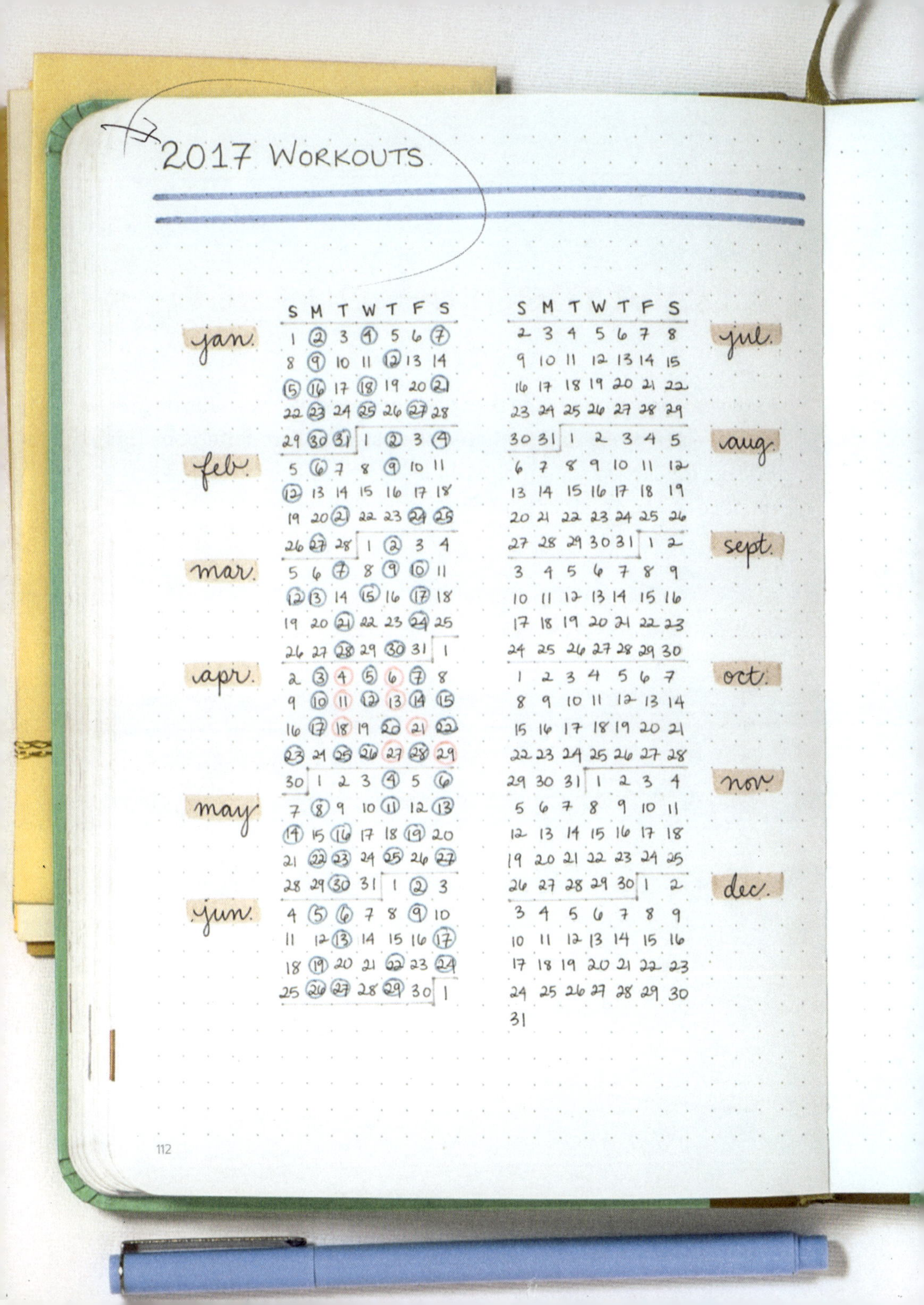
2017 Workouts
S M T W T F S
S M T W T F S
jan.
feb.
mar.
apr.
may
jun.
jul.
aug.
sept.
oct.
nov.
dec.

Suivi mensuel du sport

Si tu veux pouvoir consigner ta pratique sportive avec plus de précision, cette présentation mensuelle est peut-être faite pour toi. Elle est divisée en semaines et en jours, et tu peux vérifier exactement ce que tu as fait et pendant combien de temps.

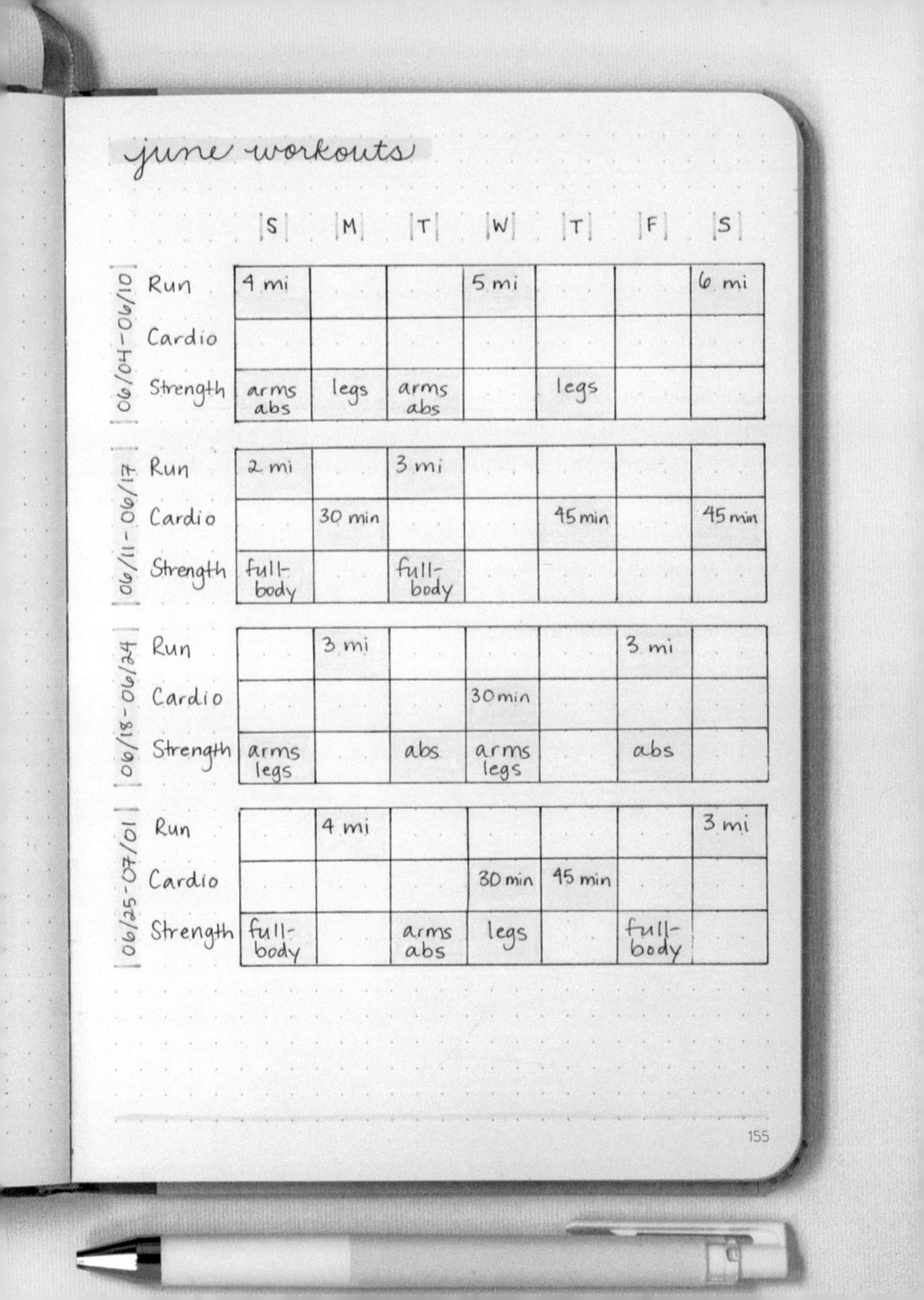

june workouts

Week		S	M	T	W	T	F	S
06/04–06/10	Run	4 mi			5 mi			6 mi
	Cardio							
	Strength	arms abs	legs	arms abs		legs		
06/11–06/17	Run	2 mi		3 mi				
	Cardio		30 min			45 min		45 min
	Strength	full-body		full-body				
06/18–06/24	Run		3 mi				3 mi	
	Cardio				30 min			
	Strength	arms legs		abs	arms legs		abs	
06/25–07/01	Run		4 mi					3 mi
	Cardio				30 min	45 min		
	Strength	full-body		arms abs	legs		full-body	

Bilan de thérapie

La thérapie peut te donner *beaucoup* de grain à moudre. Tellement, en fait, qu'il peut être dur de t'en souvenir dans les jours qui suivent la séance. Andrea Bonior conseille de résumer ce dont il a été question, d'en tirer les grandes leçons ou les choses que tu veux te rappeler, de noter tout ce dont il a été difficile de parler ou ce qui t'a fait ressentir des émotions extrêmes, et de prendre en note tout devoir que le thérapeute a pu te donner ou ce que tu veux te rappeler d'apporter la fois suivante.

+ les rêves —

post-therapy notes
Summary
Things to remember
Tough stuff
For next session...
171

Espace défouloir

Écrire dans un carnet peut être très bon pour la santé mentale… mais parfois, une réflexion utile peut se transformer en rumination nocive. Andrea Bonior conseille de te fixer une limite quand tu écris sur des choses qui te contrarient, pour ne pas en faire une obsession (par exemple une demi-page, une page entière ou 20 minutes). Si tu atteins ta limite et veux continuer à écrire, elle préconise de changer d'angle d'attaque en notant ce que tu peux faire pour agir plutôt que de continuer à ruminer (Du genre : « Que puis-je faire demain pour m'occuper de ça ? ») Tu pourrais même décider : « Si cela me contrarie encore demain, je me donnerai 20 minutes de plus pour écrire à ce sujet. »

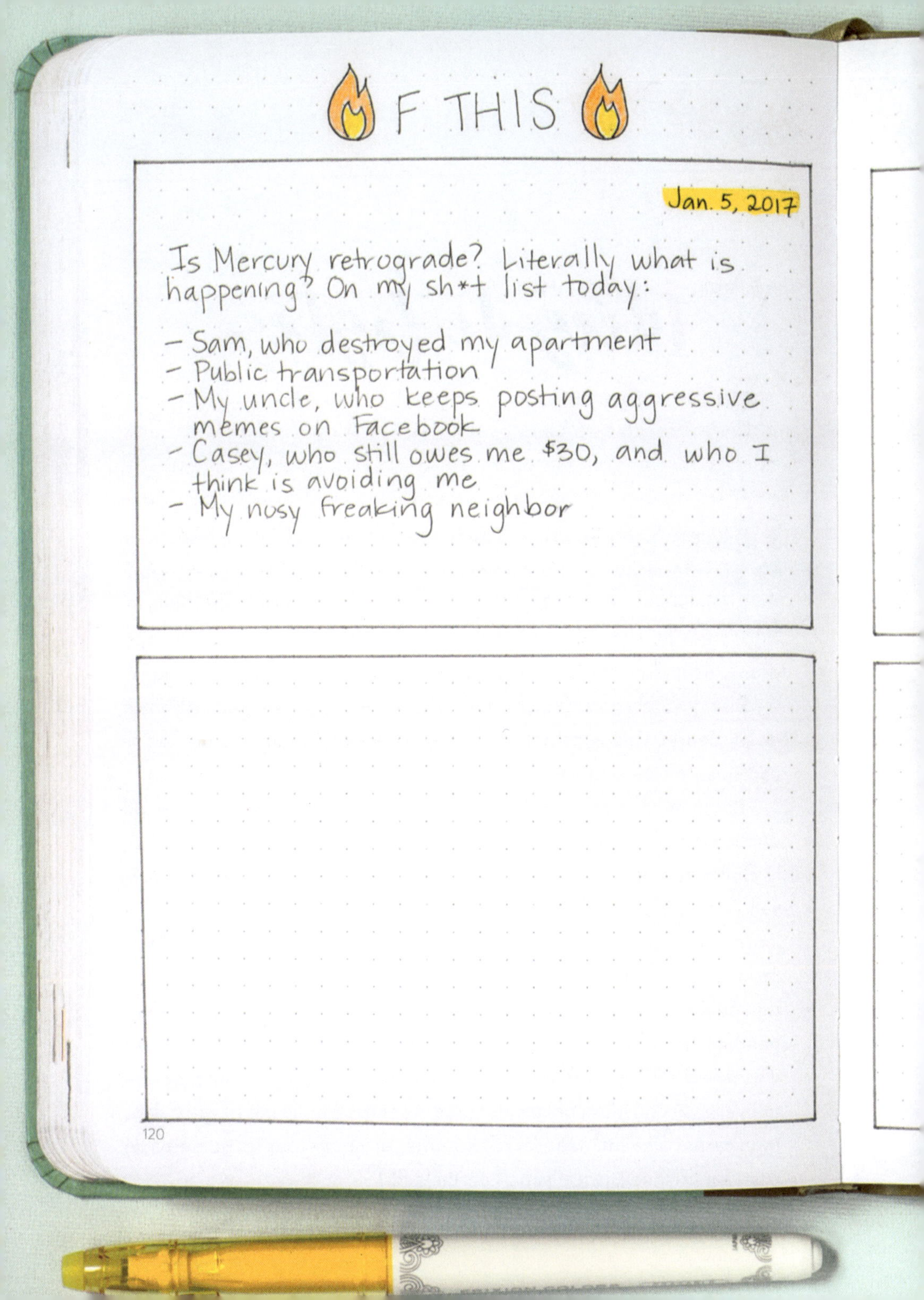
F THIS
Jan. 5, 2017
Is Mercury retrograde? Literally what is happening? On my sh*t list today:
- Sam, who destroyed my apartment
- Public transportation
- My uncle, who keeps posting aggressive memes on Facebook
- Casey, who still owes me $30, and who I think is avoiding me
- My nosy freaking neighbor
120

CHAPITRE 9

Idées de listes

Même si j'adore les pages de Bullet carnet élaborées et sophistiquées, j'en reviens toujours aux bonnes vieilles listes. Elles peuvent servir à tellement de choses ! Efficaces et pratiques, elles sont faciles à créer et à lire. Elles sont un bon point de départ si tu as le syndrome de la page blanche. Et je suis actuellement employée par une entreprise qui a, en gros, transformé les listes en une affaire internationale de plusieurs millions de dollars et elles occuperont toujours une place particulière dans mon cœur.

En général, je crée une poignée de listes sur les quelques pages du début de mon carnet, juste après le calendex. Mais le plus beau avec le Bullet carnet, c'est que tu peux commencer et compléter une nouvelle liste dès que tu en as envie. Par exemple, au milieu de mon dernier journal, j'ai commencé une liste ouverte de choses dont je dois discuter avec mon manager à notre réunion de bilan hebdomadaire, pour ne rien oublier d'important. S'il me donne quelque chose à faire ou à suivre pendant notre réunion, je l'ajoute aussi à la liste. J'ai ensuite manqué d'espace sur la page où j'avais commencé la liste et j'en ai commencé une nouvelle version plusieurs pages après, à l'endroit où je me trouvais dans mon carnet à ce moment-là. (Et comme j'ai ajouté tous les numéros de page à mon index, je n'ai jamais perdu le fil.)

En termes de conception, les listes peuvent être supersimples… ou artistiques, créatives et loin du format classique. Tu peux aussi faire ce que je fais en général, c'est-à-dire écrire le titre de la liste dans une jolie écriture cursive ou d'une taille et d'une couleur différentes, et/ou ajouter une bande de Masking tape quelque part sur la page. Je ne sais pas pourquoi, mais cela donne l'impression à tout le monde que je suis une sorte de génie créatif. C'est comme les femmes « quelconques », dans les films, qui retirent leurs lunettes et leur gilet marron, et, tout à coup, tous les gens qui les connaissent depuis des années s'exclament : « WAOUH, REGARDE CE CANON ! »

Liste de choses à ne pas faire

Dans un cahier consacré en grande partie à des *to-do lists*, je pense qu'il est vraiment intéressant de créer une *to-don't list* (parfois appelée *undo list*, c'est la liste des choses à ne pas ou à ne plus faire). C'est une manière de te rappeler les choses pour lesquelles tu te bats et celles contre lesquelles tu luttes. C'est utile si tu travailles à un but ou essayes de perdre de mauvaises habitudes, et cela te donne une image claire de qui tu es et de ce qui est important pour toi à un moment donné.

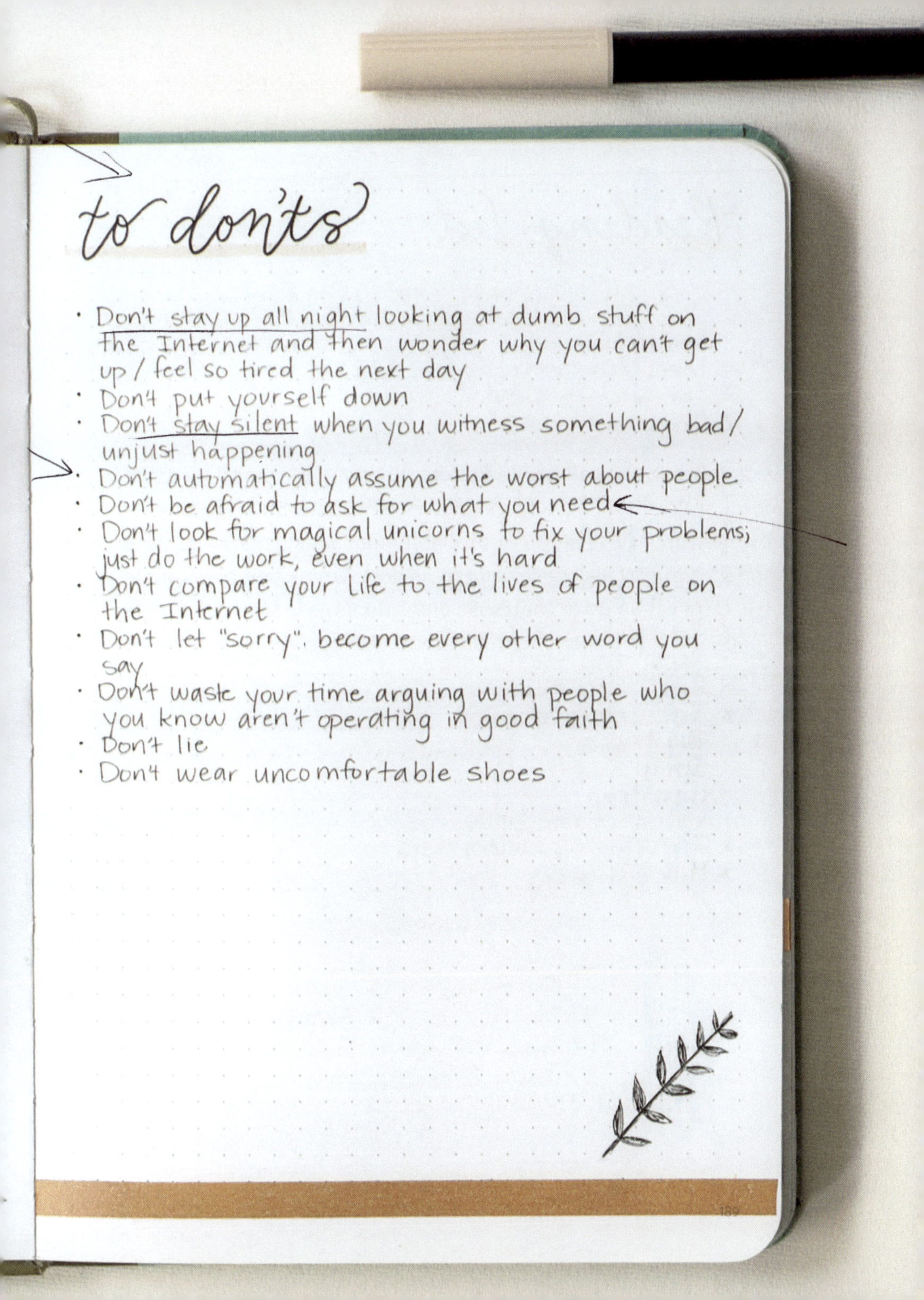
to don'ts
· Don't stay up all night looking at dumb stuff on the Internet and then wonder why you can't get up / feel so tired the next day
· Don't put yourself down
· Don't stay silent when you witness something bad/ unjust happening
· Don't automatically assume the worst about people
· Don't be afraid to ask for what you need
· Don't look for magical unicorns to fix your problems; just do the work, even when it's hard
· Don't compare your life to the lives of people on the Internet
· Don't let "sorry" become every other word you say
· Don't waste your time arguing with people who you know aren't operating in good faith
· Don't lie
· Don't wear uncomfortable shoes

Liste qui exprime ta gratitude

De nombreux utilisateurs du Bullet carnet ont une liste pour exprimer leur gratitude dans leurs cahiers, et à juste titre : les experts affirment que tu te sentiras probablement plus satisfait si tu te rappelles toutes les choses que tu as déjà. Un moyen très simple de le faire est de lister toutes les dates du mois le long du bord de la page et d'écrire chaque soir au moins une chose pour laquelle tu es reconnaissant.

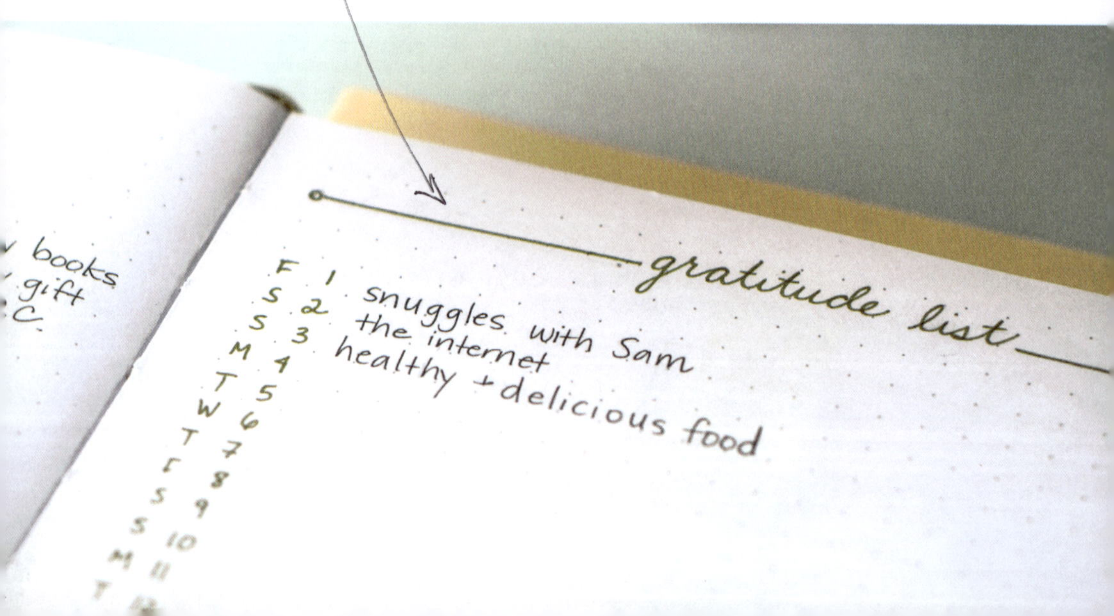

Liste de mots nouveaux

Quand je tombe sur un mot que je ne connais pas dans un texte, je m'arrête toujours pour chercher son sens. Mais j'ai remarqué que ce mot ne s'imprime dans ma mémoire qu'après que je l'ai cherché 2 ou 3 fois. Noter de nouveaux mots pour les retrouver facilement m'aide à les apprendre, mais reste aussi une jolie page à regarder à la fin de l'année. Et si tu paniques chaque fois que tu dois prononcer des mots compliqués en langue étrangère, tu peux aussi faire une liste de prononciations dont tu veux te souvenir.

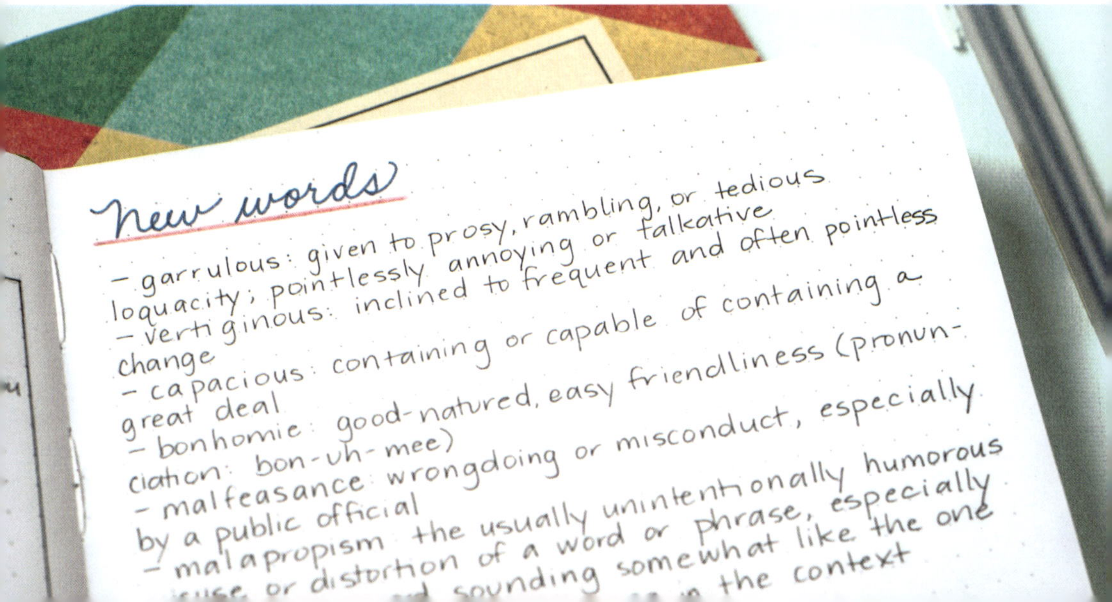

Liste de courses

Les listes de courses trouvent naturellement leur place dans un Bullet carnet. Je parlerai en détail des listes de courses alimentaires plus tard, mais je trouve utile d'avoir une liste ouverte d'articles que je dois acheter la prochaine fois que j'irai dans mes magasins habituels ou, soyons réalistes, la prochaine fois que je déciderai d'abuser de mon compte Amazon Premium.

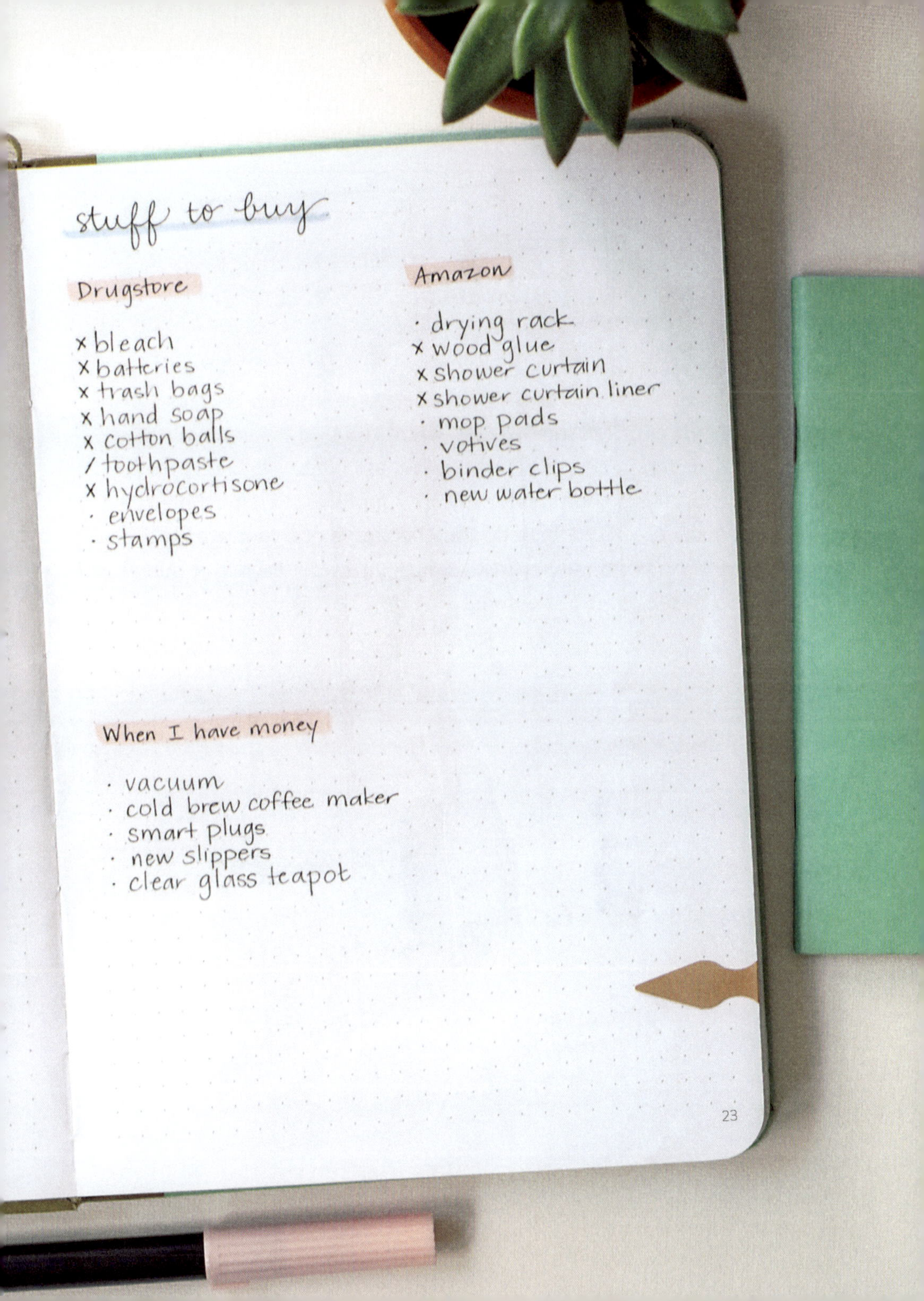
stuff to buy
Drugstore
x bleach
x batteries
x trash bags
x hand soap
x cotton balls
/ toothpaste
x hydrocortisone
· envelopes
· stamps
Amazon
· drying rack
x wood glue
x shower curtain
x shower curtain liner
· mop pads
· votives
· binder clips
· new water bottle
When I have money
· vacuum
· cold brew coffee maker
· smart plugs
· new slippers
· clear glass teapot
23

Liste de livres

J'ai toujours été un rat de bibliothèque et chacun de mes Bullet carnets contient une liste de « livres que j'ai lus cette année ». Quand je commence un nouveau livre, je l'ajoute à la liste, puis j'y retourne à la fin pour ajouter la date à laquelle je l'ai terminé. Tu peux aussi créer une liste de tous les livres que tu *voudrais* lire, ce que font de nombreux utilisateurs du Bullet carnet et que je montre sur la photo ci-dessous.

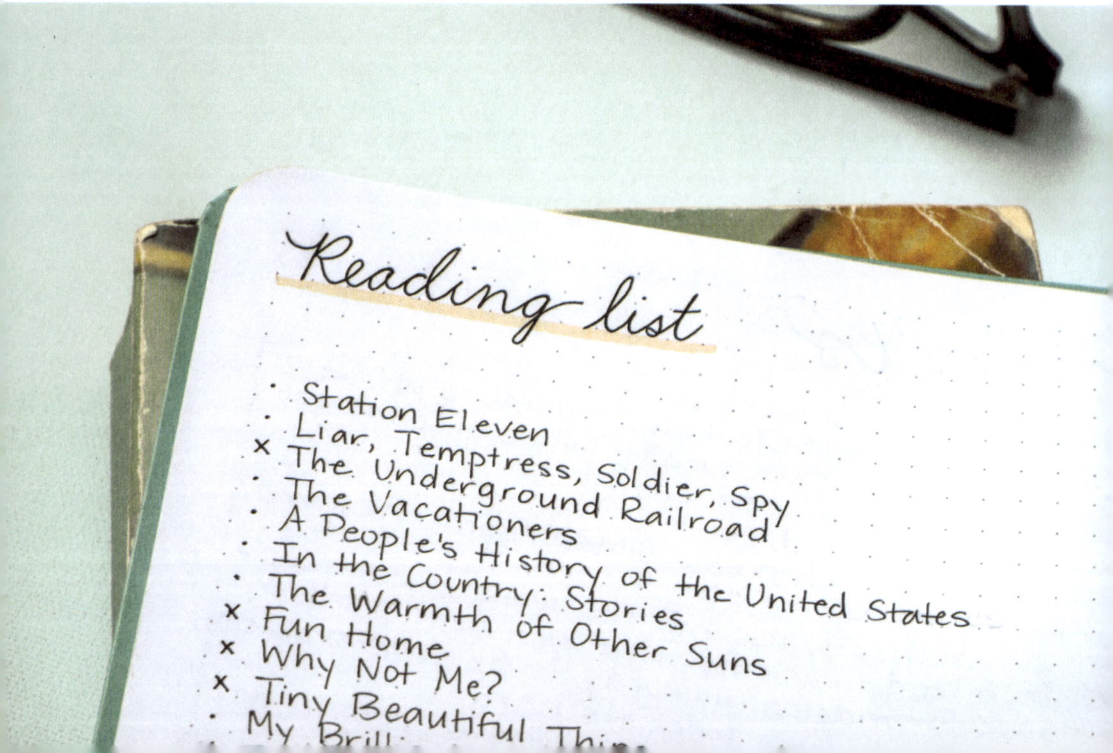

Suivi de lecture

Si tu mets beaucoup de temps à terminer un livre, tu peux créer une page comme celle-ci pour visualiser ta progression. C'est aussi une excellente solution si tu dois lire plusieurs livres à la fois pour les cours.

HISTOIRE BRÈVE DES RECUEILS DE LIEUX COMMUNS, ALIAS LES BULLET CARNETS D'ANTAN

À la Renaissance, au début de l'époque moderne, un type de carnet connu sous le nom de « recueil de lieux communs » est devenu populaire parmi les étudiants, les intellectuels et les passionnés de lecture. Selon la Bibliothèque de l'université d'Harvard, un recueil de lieux communs est « un livre qui contient une compilation de passages significatifs ou célèbres qui ont été recopiés et organisés dans un certain ordre, souvent par sujets d'actualité ou par thèmes, pour servir d'aide-mémoire ou de références au compilateur. Les recueils de lieux communs servent à conserver des informations, qui peuvent être ensuite retrouvées et utilisées par le compilateur, souvent dans sa propre œuvre ».

Le recueil de lieux communs trouve son origine au XVIe siècle, où il était connu sous le nom de *zibaldone*, « un tas de choses » en italien. Il aidait à organiser les grandes quantités de données que l'imprimerie avait déversées dans la société. Les gens utilisaient leur recueil de lieux communs pour collecter des écrits sur divers sujets, notamment la religion, la philosophie, le droit, la science et l'amour. Certaines personnes découpaient les passages des livres qu'ils étaient en train de lire (*Mamma mia!*), puis les collaient dans leurs recueils de lieux communs, mais l'idéal était de tout recopier. On apprenait aux étudiants à tenir des recueils de lieux communs et c'était même parfois exigé dans les universités d'Harvard et d'Oxford. Le philosophe John Locke croyait si profondément au mérite des recueils de lieux communs qu'il a écrit un livre appelé *Méthode nouvelle de dresser des recueils*, publié en 1706. Cet ouvrage inclut notamment sa méthode (*incroyablement* détaillée) pour créer un index qui organise le recueil. Ça te rappelle quelque chose ?

En tout cas, tu as désormais la permission de commencer à parler de ton Bullet carnet comme d'un « tas de choses » et même de mentionner les recueils de lieux communs et John Locke si quelqu'un essaye de te faire croire que ton Bullet carnet est ridicule ou une perte de temps.

Tracker de séries

Au cours des dernières années, regarder la télévision est devenu un aspect si important de notre culture qu'y consacrer une page semble parfaitement logique ! C'est aussi vraiment utile, en particulier pour les séries que tu arrêtes et recommences à intervalles réguliers ou les séries composées de nombreux épisodes qui finissent tous par se ressembler au bout d'un moment. Par exemple, j'ai arrêté de suivre assidûment *Parks and Recreation* il y a deux ans, mais je suis ensuite tombée par hasard sur quelques épisodes d'une saison plus tardive et maintenant je ne sais plus du tout où j'en suis. Avoir une trace écrite de tous les épisodes que j'ai vus serait génial.

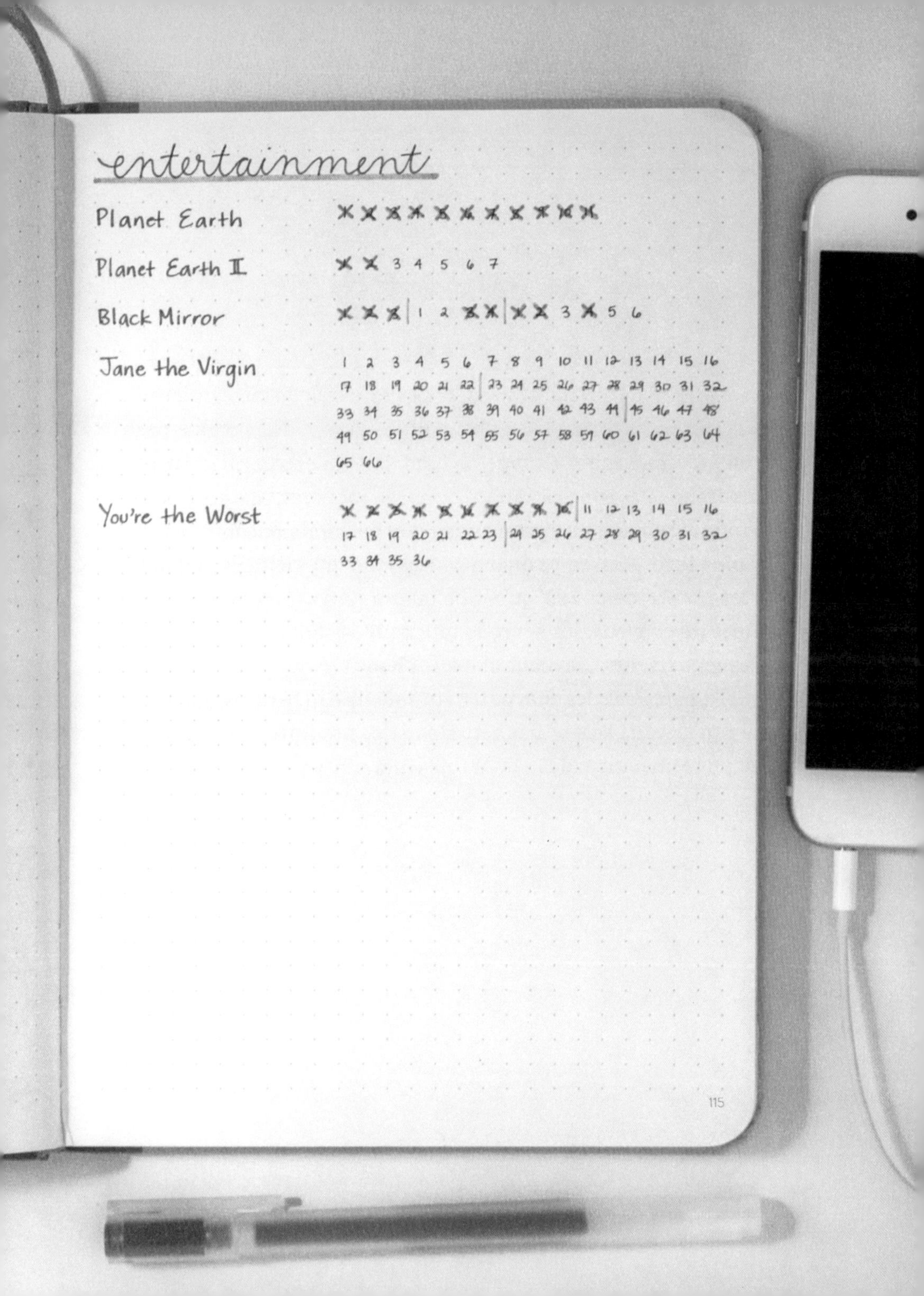
entertainment
Planet Earth
Planet Earth II
3 4 5 6 7
Black Mirror
1 2
3 5 6
Jane the Virgin
1 2 3 4 5 6 7 8 9 10 11 12 13 14 15 16
17 18 19 20 21 22 23 24 25 26 27 28 29 30 31 32
33 34 35 36 37 38 39 40 41 42 43 44 45 46 47 48
49 50 51 52 53 54 55 56 57 58 59 60 61 62 63 64
65 66
You're the Worst
11 12 13 14 15 16
17 18 19 20 21 22 23 24 25 26 27 28 29 30 31 32
33 34 35 36

Routine beauté et hygiène

Je range sans hésiter ce type de liste dans la catégorie « capsule temporelle » : ce n'est pas *inutile* pour le moment, mais cela vaut surtout la peine de l'ajouter parce que ce sera amusant d'y revenir plus tard. Penses-y : quand tu regardes un vieil album photo ou tes photos de classe, qu'est-ce que tu remarques le plus ? Les coupes de cheveux, les sourcils (ou, pour les hommes, les barbes et les moustaches), le maquillage, les habits. Noter la fréquence à laquelle tu te laves les cheveux, tu te douches, tu te rases, ainsi que le temps que tu passes à ces activités et les produits que tu utilises, c'est juste un petit cadeau pour ton « moi » futur.

+ Coiffeur

Beauty Routine

cleansing/glowing up

- Garnier micellar water (AM+PM)
- Glossier Milky Jelly or Cetaphil (PM)
- dry brush before shower (PM)
- coconut oil after shower
- Crest Complete + Scope toothpaste (AM+PM)
- Cocofloss (PM)
- sleep mask (always)

maybe she's born with it, but I'm not

- concealer (Bye Bye Undereye, tan)
- eye shadow (Memebox)
- eyeliner (Maybelline Define-a-Line, brownish black; also use to fill in brows)
- mascara (Doucce Punk Volumizer)
- blush (e.l.f. rose royal)
- Hourglass Ambient Lighting Powder (dim light)
- lipstain (Cover Girl Outlast #621)
- fragrance: Jo Malone Wood Sage + Sea Salt or Ralph Lauren Romance
- entire routine: 10-12 minutes

feeling fancy/feeling low

- eyelash primer (L'Oreal Voluminous Lash) + curl lashes
- Dr. G. Brightening Peeling Gel (every few weeks)
- Goodal waterfull sheet mask (after Dr. G. peel)
- Nuxe body oil (special occasions)
- gel manicure

Citations

Il existe des gens à citations : ils collectionnent des citations qui les inspirent comme tu collectionnes les sacs plastiques sous ton évier et ils n'ont certainement pas besoin qu'on leur explique pourquoi ils devraient leur faire une place dans leur Bullet carnet. D'autres ne sont pas des gens à citations : ils pensent qu'elles sont plutôt ringardes ou inutiles... jusqu'à ce qu'ils trouvent LA citation parfaite qui parle complètement à leur cœur, les aide à voir le monde différemment ou à traverser une période difficile. (En fait, moi je fais partie de la deuxième catégorie.) Tout ça pour dire : les citations sont pour tout le monde, même pour toi, personne extrêmement cynique qui est en train de lire ceci en secouant la tête.

Quand tu commences ton carnet, tu peux mettre de côté quelques pages pour faire une liste de nouvelles citations à mesure que tu en découvres. Tu peux aussi simplement les ajouter à tes plannings quotidiens ou écrire chacune d'entre elles sur une nouvelle page consacrée uniquement à cette citation, et c'est tout. Mon premier Bullet carnet de 2017 commence par une citation du poème *Invitation* de Mary Oliver. Et l'une des pages que j'aime le plus dans mes carnets de 2016 est celle où j'ai écrit mes phrases préférées des poèmes de Warsan Shire, à savoir la femme dont les poèmes sont une composante essentielle de l'album *Lemonade* de Beyoncé. Cette liste m'a permis de relire mes phrases préférées après avoir rendu le livre de Warsan Shire à la bibliothèque ; elle représente aussi l'influence qu'ont eue *Lemonade* et la poésie de Warsan Shire sur moi personnellement. (Je te jure que je ne suis pas une personne à citations pour autant !!!)

"I know, and I speak from experience, that even in the midst of darkness, it is possible to create light and share warmth with one another; that even on the edge of the abyss, it is possible to dream exalted dreams of compassion; that it is possible to be free and strengthen the ideals of freedom, even within prison walls; that even in exile, friendship becomes an anchor."

– Elie Wiesel

my pen has power.

– Shonda Rhimes

Above all else, guard your heart, for everything you do flows from it.

– Proverbs 4:23

Victoires

Quand j'ai commencé mon tout premier Bullet carnet, j'ai créé une page « Grandes victoires de 2016 ». J'avais l'intention d'y mettre toutes mes... grandes victoires. Mais « grandes » semblait placer la barre très haut et je n'ai pas fait d'ajout à cette liste très souvent. À la fin de l'année, j'ai décidé que mon dernier passage de journal intime pour 2016 serait une nouvelle page avec *toutes* mes victoires des 12 derniers mois, qu'elles soient déjà dans ma liste originale des « Grandes victoires » ou pas. Le soir du réveillon (le pire jour férié de l'année, selon moi, un soir où tout me semble préférable à sortir de chez moi), j'ai pris tous mes carnets de 2016 et commencé à les feuilleter, à la recherche de victoires, grandes ou petites. (Au fait, utiliser différents symboles et couleurs pour distinguer les événements dans mes paragraphes de journal intime s'est révélé extrêmement utile pour cette tâche.)

Comme tu t'en souviens peut-être, 2016 est une année à mettre à la poubelle (même si dire ça paraît un peu injuste pour les poubelles), donc je ne m'attendais pas à trouver grand-chose. Mais j'ai fini par remplir *4 pages* avec toutes les choses positives qui me sont arrivées en 2016. Certaines étaient petites (je me suis inscrite à la bibliothèque de Brooklyn !), d'autres importantes (eh, oh, j'ai vendu un livre !), d'autres un peu ridicules (j'ai finalement réussi à surmonter ma peur de la javel quand je fais la lessive !) et d'autres encore un mélange de tout ça (j'ai trouvé un dentiste génial !). En les voyant bout à bout, je me suis sentie heureuse, aimée, fière et

Wins

- Jules + Quinn came to visit
- Was named Employee of the Month in Feb.
- Got a GREAT haircut
- Bought the perfect gingham shirt
- Learned to make grandma's banana pudding
- Finally bought new underwear
- Made a Tinder profile
- Got book signed by Colson Whitehead
- Learned to sew on a button
- RSVPd "no" to wedding I didn't want to go to
- RSVPd "yes" to Taylor + Tyler's wedding!!!
- Hit $500 in my savings account
- Deleted Tinder profile
- Met Alex's parents
- Called my congresswoman
- Rhode Island trip
- New job + great health insurance
- Management had puppies brought into office!!!
- Tried right-angle socks + loved them!
- Politely declined retreat leadership role
- Cleaned my baseboards
- Survived hot yoga class
- Survived dinner w/ extended family
- Got Botanic Garden membership
- Attended class reunion + it was so fun
- Did the rap part of "Guns + Ships" perfectly
- Alex and I made it through Ikea and didn't break up

pleine d'espoir. C'était un réveillon parfait et le meilleur argument en faveur du Bullet carnet que je puisse offrir. Chacun des paragraphes que j'ai écrits en 2016 m'est apparu comme un cadeau de mon « moi » passé à mon « moi » futur.

J'ai sincèrement hâte de recommencer le 31 décembre 2017 et je fais désormais l'effort d'ajouter plus de petites victoires à ma liste des « Victoires de 2017 » que j'ai entamée cette année.

P.-S. : faire une liste pour toutes tes victoires, c'est génial, mais tu peux aussi (et tu devrais) faire des listes pour d'autres types de victoires : victoires créatives, financières, en rapport avec la santé ou le sport, ta carrière, etc. La plupart des gens ne passent pas assez de temps à se fêter eux-mêmes, bon sang ! Pourquoi ne pas essayer toi-même de remédier à ça ?

CHAPITRE 10

Planning financier

Si tu es le genre de personne qui est naturellement douée pour l'argent, que tu n'as jamais eu à te préparer mentalement pour contrôler ton compte, alors tu n'as pas besoin que je t'explique pourquoi tu devrais suivre l'état de tes finances sur ton Bullet carnet. Pour tous les autres... coucou ! C'est aussi mon cas. Enfin, ça l'était.

Qu'est-ce qui a changé ? J'ai décidé de ne plus ignorer le fait que je ne m'en sortais pas avec mes prêts étudiants parce que j'avais l'espoir qu'une solution apparaisse d'elle-même. (Bizarrement, ce n'est pas comme ça que ça marche, les dettes !) J'ai commencé à *tout* noter. Même si parfois cela me faisait penser à ce lieu commun d'Hollywood où quelqu'un essaye de déjouer une conspiration à l'aide de coupures de journaux et de fil rouge sur un énorme tableau de liège, la vérité c'est qu'écrire tout au même endroit a vraiment été un tournant pour moi. Cela m'a aidée à prendre le contrôle d'une situation stressante et accablante. Tout à coup, ces dettes m'ont paru... gérables. Et elles l'étaient.

Pourrait-on faire le même genre de choses grâce à une application ou une feuille de calcul ? Absolument. Mais voir ces infos sur une jolie page nette remplie de ta propre écriture est bien plus agréable à regarder.

Suivi des factures pour l'année

Si l'organisation et la productivité font partie des objectifs de ton Bullet carnet, tu trouveras peut-être utile de créer un agencement qui inclut toutes tes factures. Il y a la place pour le nom de chaque facture, son montant et la date limite pour la payer tous les mois. Et si tu as des factures dont le montant fluctue, tu peux créer des mini-*trackers* séparés pour chacune d'elles, comme ceux qui apparaissent dans la partie inférieure de cette présentation.

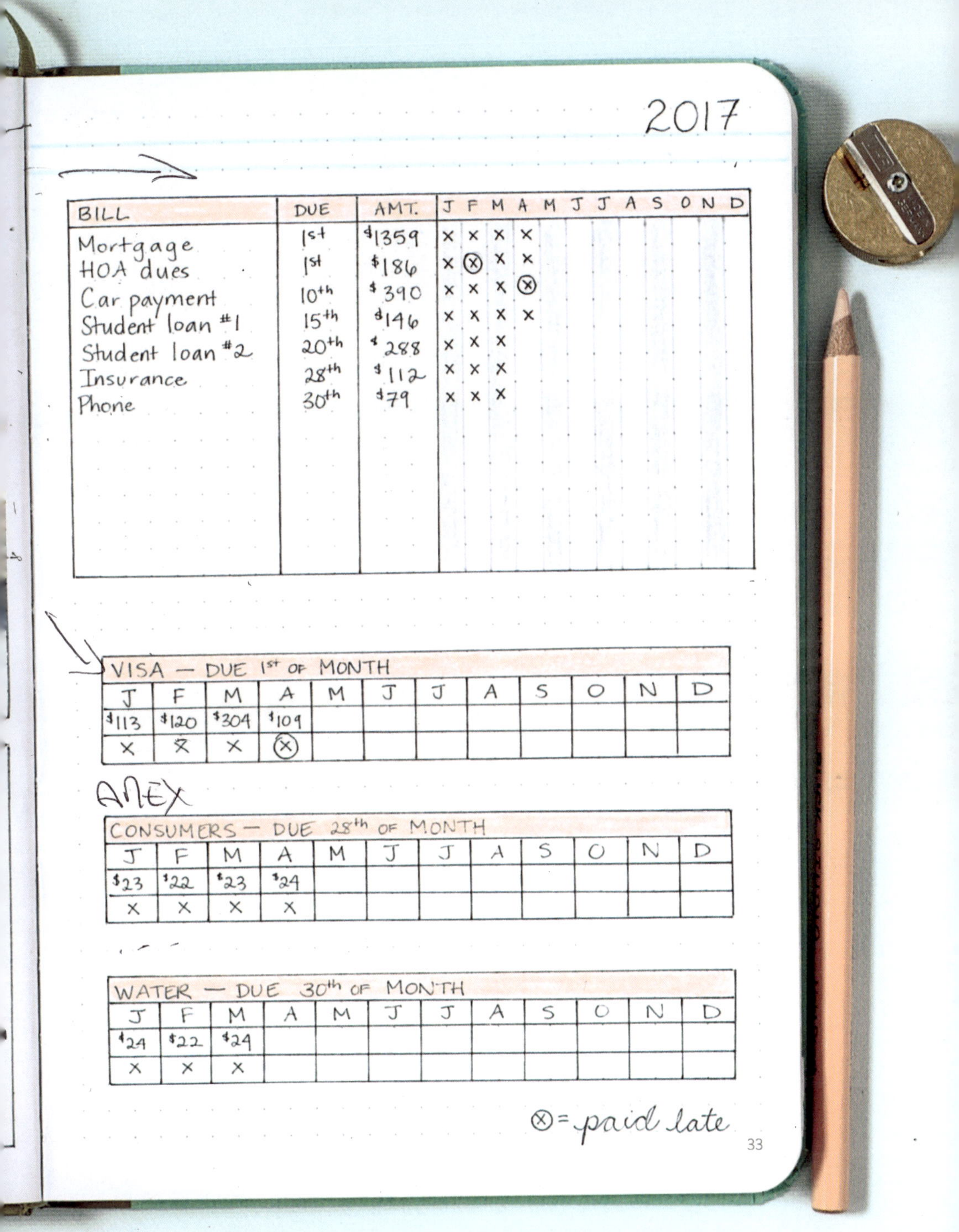
2017
BILL | DUE | AMT. | J F M A M J J A S O N D
Mortgage | 1st | $1359 | × × × ×
HOA dues | 1st | $186 | × ⊗ × ×
Car payment | 10th | $390 | × × × ⊗
Student loan #1 | 15th | $146 | × × × ×
Student loan #2 | 20th | $288 | × × ×
Insurance | 28th | $112 | × × ×
Phone | 30th | $79 | × × ×
VISA — DUE 1st OF MONTH
J F M A M J J A S O N D
$113 $120 $304 $109
× × × ⊗
AMEX
CONSUMERS — DUE 28th OF MONTH
J F M A M J J A S O N D
$23 $22 $23 $24
× × × ×
WATER — DUE 30th OF MONTH
J F M A M J J A S O N D
$24 $22 $24
× × ×
⊗ = paid late

Budget mensuel

Si tu veux faire l'essentiel de ton budget dans ton Bullet carnet, tu auras sans doute besoin de quelque chose d'un peu plus conséquent. Cet agencement est divisé en catégories et en colonnes pour ton budget prévisionnel et tes dépenses réelles, mais te laisse aussi de la place pour ajouter des dépenses imprévues. Si tu veux pouvoir aller plus en détail ou si tes finances sont particulièrement compliquées, cela peut être une bonne idée de créer ce type d'agencement sur plusieurs pages. Tu peux aussi utiliser cette présentation pour une seule catégorie (comme la nourriture ou les courses).

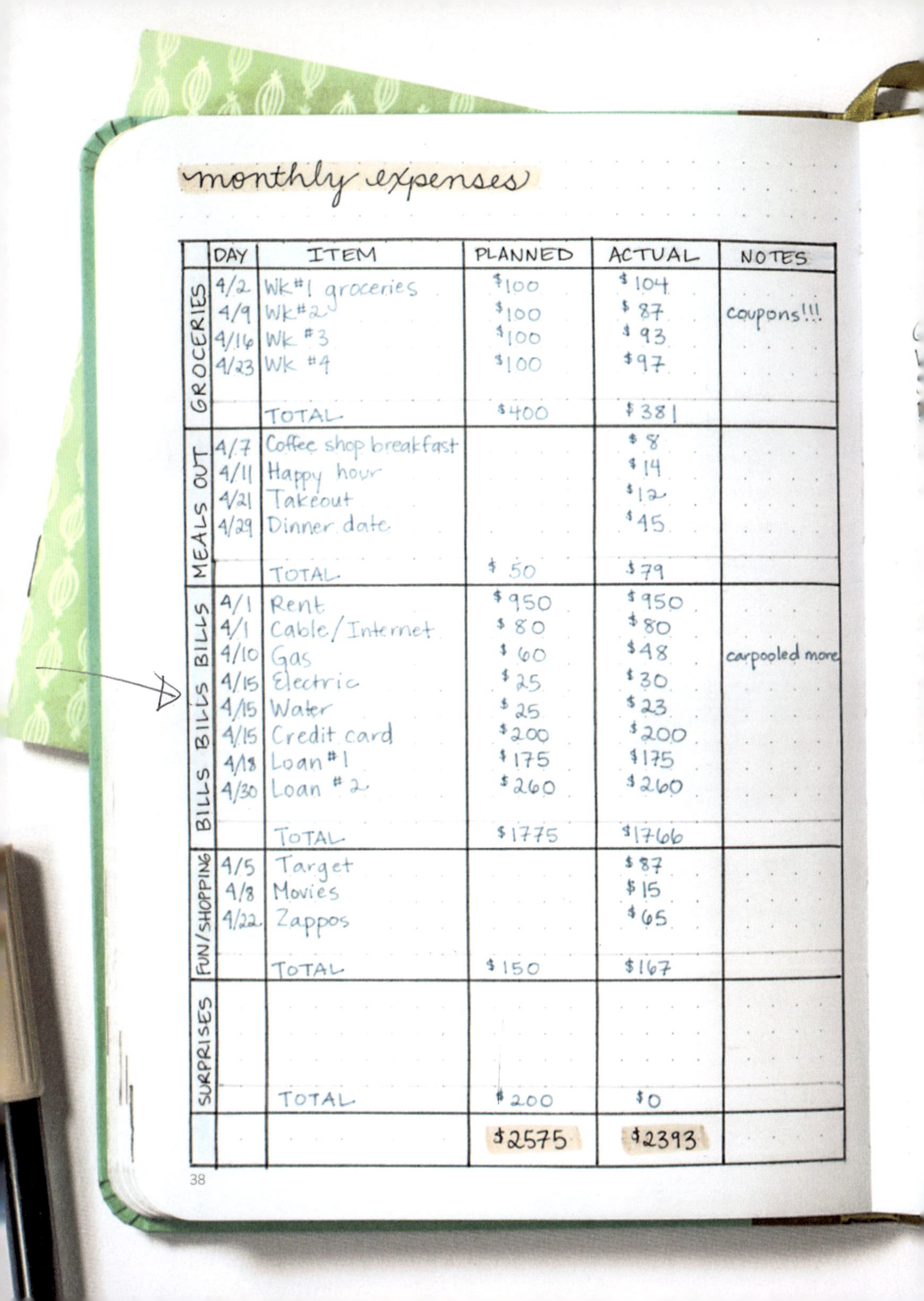

monthly expenses

	DAY	ITEM	PLANNED	ACTUAL	NOTES
GROCERIES	4/2	Wk#1 groceries	$100	$104	
	4/9	Wk#2	$100	$87	coupons!!!
	4/16	Wk #3	$100	$93	
	4/23	Wk #4	$100	$97	
		TOTAL	$400	$381	
MEALS OUT	4/7	Coffee shop breakfast		$8	
	4/11	Happy hour		$14	
	4/21	Takeout		$12	
	4/29	Dinner date		$45	
		TOTAL	$50	$79	
BILLS BILLS BILLS	4/1	Rent	$950	$950	
	4/1	Cable/Internet	$80	$80	
	4/10	Gas	$60	$48	carpooled more
	4/15	Electric	$25	$30	
	4/15	Water	$25	$23	
	4/15	Credit card	$200	$200	
	4/18	Loan #1	$175	$175	
	4/30	Loan #2	$260	$260	
		TOTAL	$1775	$1766	
FUN/SHOPPING	4/5	Target		$87	
	4/8	Movies		$15	
	4/22	Zappos		$65	
		TOTAL	$150	$167	
SURPRISES					
		TOTAL	$200	$0	
			$2575	$2393	

Suivi des économies

Que tu fasses des économies dans un but précis ou que tu veuilles juste alimenter ton compte d'épargne, faire un *tracker* visuel de ta progression peut être extrêmement motivant. Tu peux utiliser cette présentation pour mesurer tes économies avec différents montants : une case peut représenter 5 € que tu mets de côté ou bien 50 €.

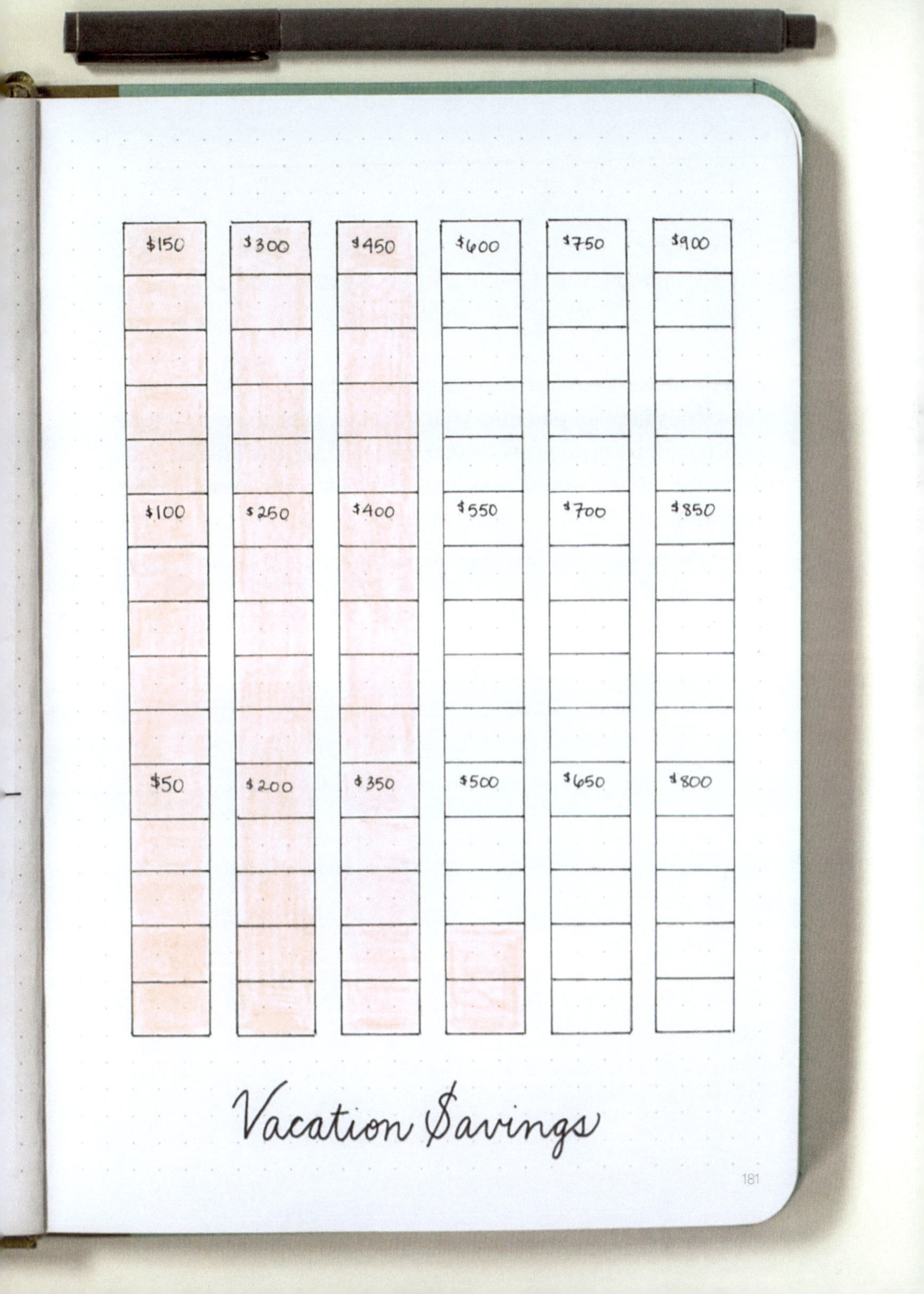
$150
$300
$450
$600
$750
$900
$100
$250
$400
$550
$700
$850
$50
$200
$350
$500
$650
$800
Vacation $avings

Suivi de tes dettes

Avoir des dettes peut être absolument accablant et engendrer de la honte. Mais faire un planning pour les gérer, puis créer un *tracker* visuel pour fêter ta progression et te rappeler que tu es bien en route vers la libération, même si tu avances *très* lentement, c'est vraiment important.

P.-S. : tu peux aussi utiliser la présentation ci-contre pour l'argent que tu mets de côté.

Student Loan
$288
half-way!
$20,160!!!

« QUE DOIS-JE FAIRE AVEC MES CARNETS QUAND ILS SONT PLEINS ? »

Quand j'étais plus jeune, j'étais très excitée chaque fois que j'étais sur le point de terminer un journal intime. Cela me semblait être un tel accomplissement ! (C'était aussi le synonyme d'une excursion en librairie pour choisir un nouveau carnet, choix que je prenais très au sérieux et attendais avec impatience.) Quand je finissais un cahier, je m'asseyais pour le lire en entier depuis le début. Ensuite, je l'enfermais dans un grand coffre de ma chambre, avec mes poupées American Girl et mes précieux souvenirs, puis je l'oubliais, en quelque sorte. Bien sûr, il m'arrivait aussi de lire touuus mes journaux d'un coup si j'en ressentais l'envie, mais la plupart du temps, je me contentais de les ranger.

Vingt ans plus tard, j'ai toujours plus ou moins la même approche. Dès que je remplis un cahier, je le range (dans ma bibliothèque plutôt que dans mon coffre), mais je ne le relis pas. (En général, ça ne fait pas *si* longtemps que j'ai commencé ce carnet et ce que j'ai écrit trois mois plus tôt n'est pas très intéressant.) Je sors ceux qui sont déjà terminés uniquement si j'ai une raison précise pour le faire (par exemple, si on me demande d'être témoin dans un procès extrêmement important[6]) ou si je me sens particulièrement nostalgique (si l'une de mes meilleures amies se marie et que je veux repenser au début de notre amitié, par exemple). J'avoue que c'est assez étrange d'investir tant de temps et d'effort dans quelque chose, puis de l'abandonner

[6] En réalité, cela ne m'est jamais arrivé. Je ne sais jamais si j'ai, ou pas, l'espoir que cela se produise un jour.

presque sans un regard, mais je vois plutôt mes carnets comme des capsules temporelles. Ils sont faits pour l'instant présent, puis pour un moment très éloigné dans le temps.

Que dois-tu donc faire de tes carnets ? Personnellement, j'aime beaucoup la méthode « fais-le puis oublie ». (Cela peut être une bonne idée d'écrire les mois et l'année sur la tranche d'abord.) Si tu as peur que d'autres gens les voient, mets-les dans un endroit fermé à clé. Si tu as peur des inondations et des incendies (ce qui est mon cas, parce que j'ai peur de tout), cherche des méthodes de conservation ou pense à les numériser (cap que je n'ai pas encore franchi). Si tu aimes les relire, tu peux en faire un rituel régulier (à ton anniversaire ou au réveillon, par exemple).

Tu peux être tenté, à certains moments, de détruire un ancien carnet. Je comprends complètement, mais je ne te le conseille pas. D'abord, la manière dont tu vois ton carnet à cet instant peut changer et, plus tard, tu pourrais vraiment regretter de ne plus l'avoir. Même si cela fait mal de le relire maintenant, cette douleur va sûrement s'estomper à un certain moment. Et, même si ce n'est pas le cas, la fuir ou essayer de détruire toute trace de toi dans les moments les plus difficiles n'est probablement pas l'idéal. J'ai 2 carnets que j'aimerais brûler, mais je me contente de les garder très, très loin de mes yeux et je me suis rendu compte que je réussissais facilement à les oublier.

Quand un carnet est plein, il a fait ce que j'avais besoin qu'il fasse et je pense qu'il mérite une douce retraite. Donc, à moins que ton carnet ne soit un horcruxe, je penche pour le garder.

“

Je suppose que je n’ai pas peur
d’être ennuyeux dans mon journal. Je n’ai pas à divertir
qui que ce soit dans mon journal.

DAVID SEDARIS

”

CHAPITRE 11

Planning de tâches ménagères

Tu avoueras que terminer une tâche ménagère, quoi qu'on pense du fait de la faire, c'est génial. Bien sûr, mettre le paquet sur de la vaisselle vraiment dégoûtante ou *enfin* tout sortir de ton placard de la honte pour l'organiser peut être satisfaisant... mais pas aussi satisfaisant que de faire une croix devant cet élément dans ta *to-do list*. Et le simple fait d'avoir encore des choses à faire sur ta liste peut être extrêmement motivant. Bien sûr, tu peux faire migrer le même point jour après jour pendant un mois (ou plus), mais tu finiras par la faire. (Ou tu laisseras tomber et apprendras à faire avec ton placard en bazar.)

Voici quelques idées pour contrôler les tâches ménagères dans ton Bullet carnet.

Tracker de l'année en un coup d'œil

Cet agencement est pratique et efficace ; tu peux facilement suivre plusieurs tâches ménagères à la fois sur une seule page. Pour les grandes missions à faire seulement de temps en temps, tu peux colorier la case du mois où tu as l'intention de les faire, puis mettre une croix quand c'est terminé. Pour inclure les tâches hebdomadaires, divise mentalement la case en quatre et ajoute un point dans le quart correspondant chaque fois que tu en accomplis une (je trouve que c'est plus facile de commencer avec le quart en haut à gauche, puis de continuer dans le sens des aiguilles d'une montre.)

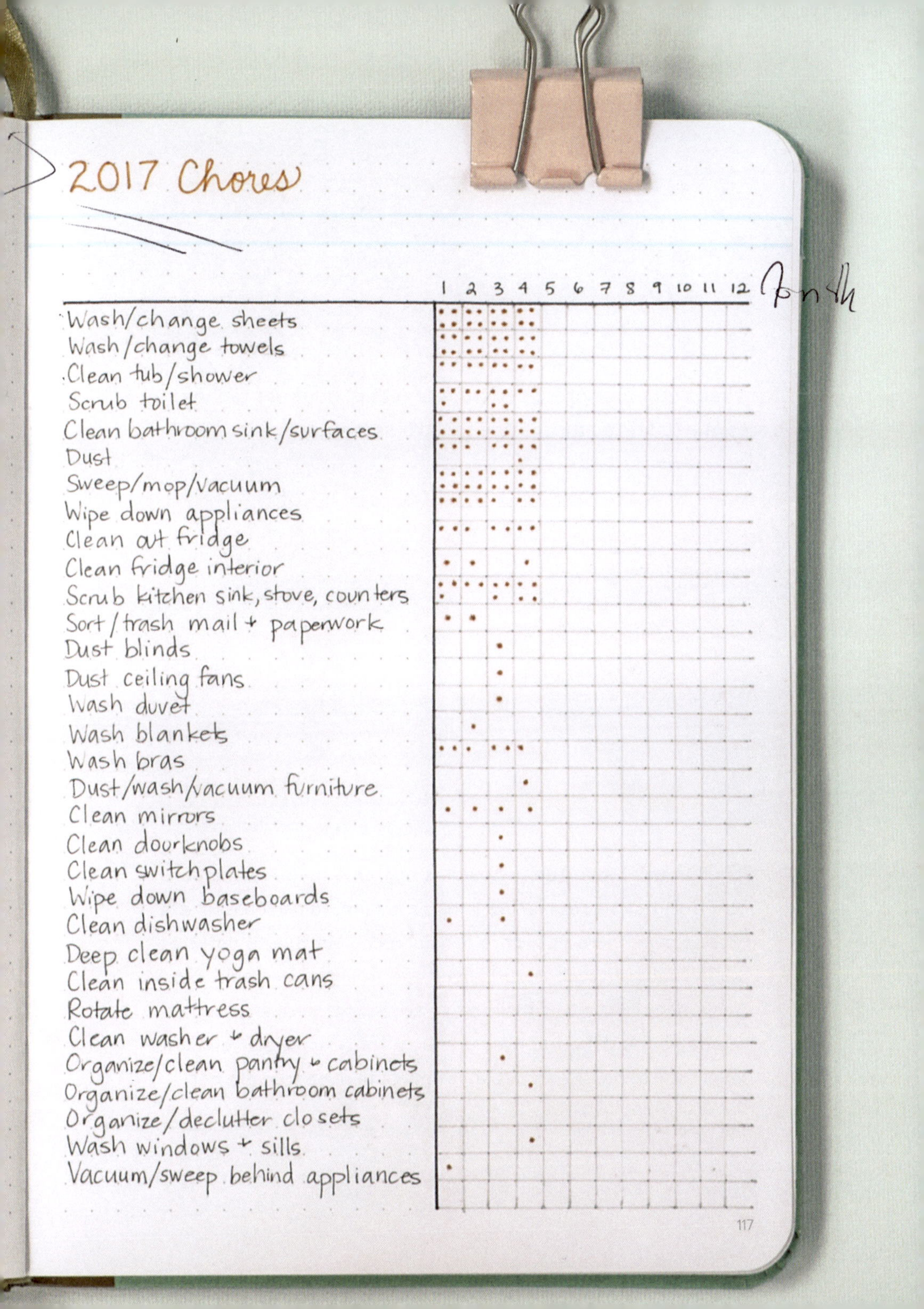
2017 Chores
1 2 3 4 5 6 7 8 9 10 11 12
Wash/change sheets
Wash/change towels
Clean tub/shower
Scrub toilet
Clean bathroom sink/surfaces
Dust
Sweep/mop/vacuum
Wipe down appliances
Clean out fridge
Clean fridge interior
Scrub kitchen sink, stove, counters
Sort/trash mail + paperwork
Dust blinds
Dust ceiling fans
Wash duvet
Wash blankets
Wash bras
Dust/wash/vacuum furniture
Clean mirrors
Clean doorknobs
Clean switchplates
Wipe down baseboards
Clean dishwasher
Deep clean yoga mat
Clean inside trash cans
Rotate mattress
Clean washer + dryer
Organize/clean pantry + cabinets
Organize/clean bathroom cabinets
Organize/declutter closets
Wash windows + sills
Vacuum/sweep behind appliances
117

Tracker par semaine

Si tu veux être plus précis, ce *tracker* est fait pour des tâches ménagères que tu fais au moins une fois par semaine.

Si, jour après jour, tu fais toujours migrer la même tâche dans ton Bullet carnet et n'arrive jamais à la faire, tu peux passer à la vitesse supérieure et l'écrire dans une couleur que tu détestes ou la souligner avec le surligneur que tu aimes le moins. Non seulement c'est plus difficile de passer à côté, mais, en plus, l'envie de ne pas défigurer avec un fluo affreux ta page si joliment organisée te poussera peut-être enfin à faire ce truc à la noix.

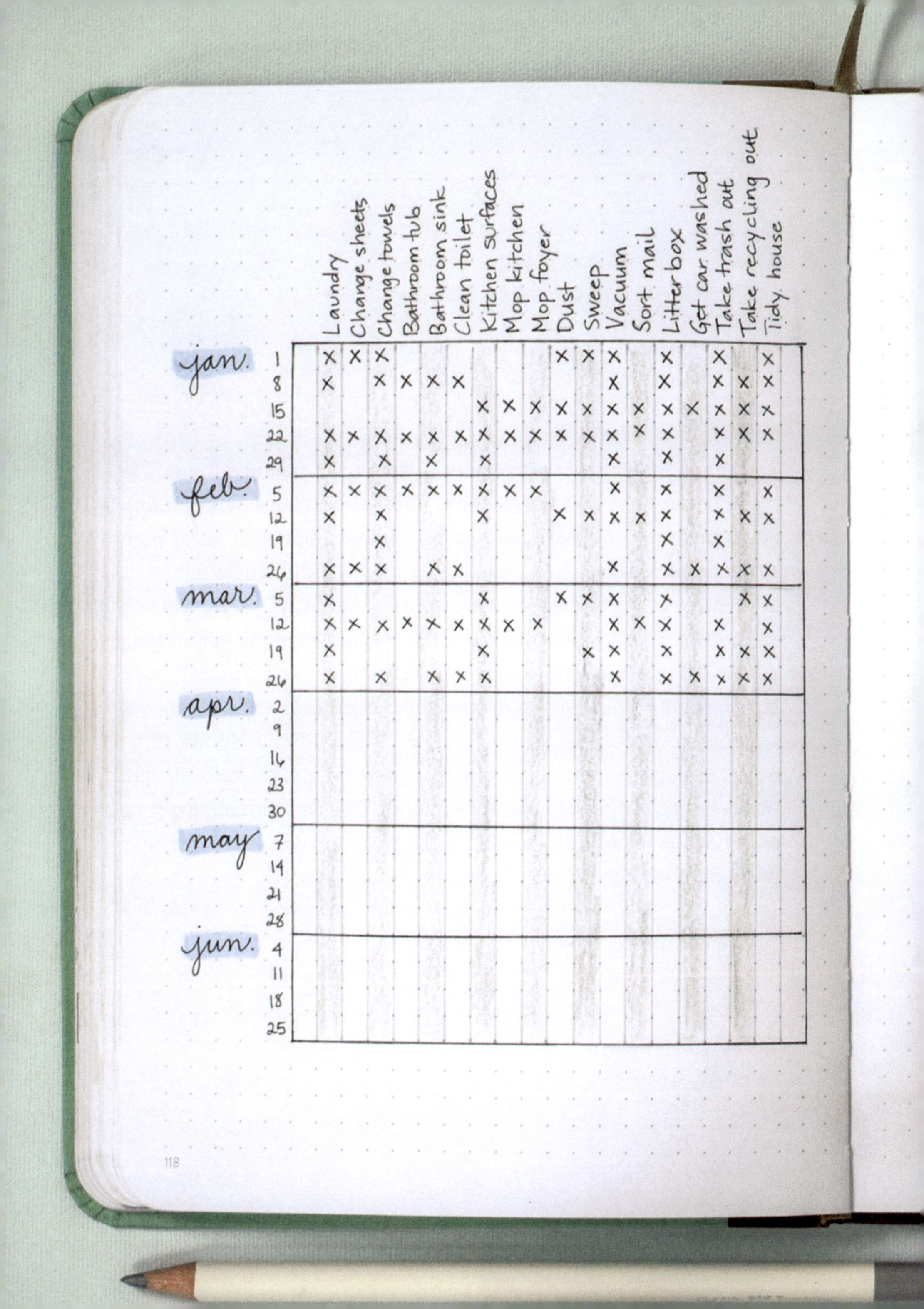

Month	Day	Laundry	Change sheets	Change towels	Bathroom tub	Bathroom sink	Clean toilet	Kitchen surfaces	Mop kitchen	Mop foyer	Dust	Sweep	Vacuum	Sort mail	Litter box	Get car washed	Take trash out	Take recycling out	Tidy house
jan.	1	X	X	X							X	X	X		X		X		X
	8	X		X	X	X	X						X		X		X	X	X
	15							X	X	X	X	X	X	X	X	X	X	X	X
	22	X	X	X	X	X	X	X	X	X	X	X	X	X	X		X	X	X
	29	X		X		X		X					X		X		X		
feb.	5	X	X	X	X	X	X	X	X	X			X		X		X		X
	12	X		X				X			X	X	X	X	X		X	X	X
	19			X											X		X		
	26	X	X	X		X	X						X		X	X	X	X	X
mar.	5	X						X			X	X	X		X			X	X
	12	X	X	X	X	X	X	X	X	X			X	X	X		X		X
	19	X						X				X	X		X		X	X	X
	26	X		X		X	X	X					X		X	X	X	X	X
apr.	2																		
	9																		
	16																		
	23																		
	30																		
may	7																		
	14																		
	21																		
	28																		
jun.	4																		
	11																		
	18																		
	25																		

« Quand ai-je fait ça la dernière fois ? »

J'adore ce *tracker* parce qu'il commence par une question que je me pose souvent. L'exemple sur la photo montre les tâches ménagères qu'on ne fait pas très souvent, mais il pourrait aussi bien s'agir de tâches hebdomadaires. (Tu peux aussi utiliser cet agencement pour des tâches liées à la santé : « Quand ai-je : fait un vaccin contre la grippe/été chez le dentiste/fait contrôler mon taux de cholestérol la dernière fois ? ») C'est aussi une bonne solution si tu es enclin à la dépression ou à d'autres problèmes mentaux qui peuvent t'empêcher de bien gérer tes tâches domestiques. Si tu regardes cette page et remarques que cela fait déjà deux mois que tu as changé tes draps, cela t'aidera peut-être à reconnaître que tu es dans une période de creux ou à contacter un ami et à demander de l'aide.

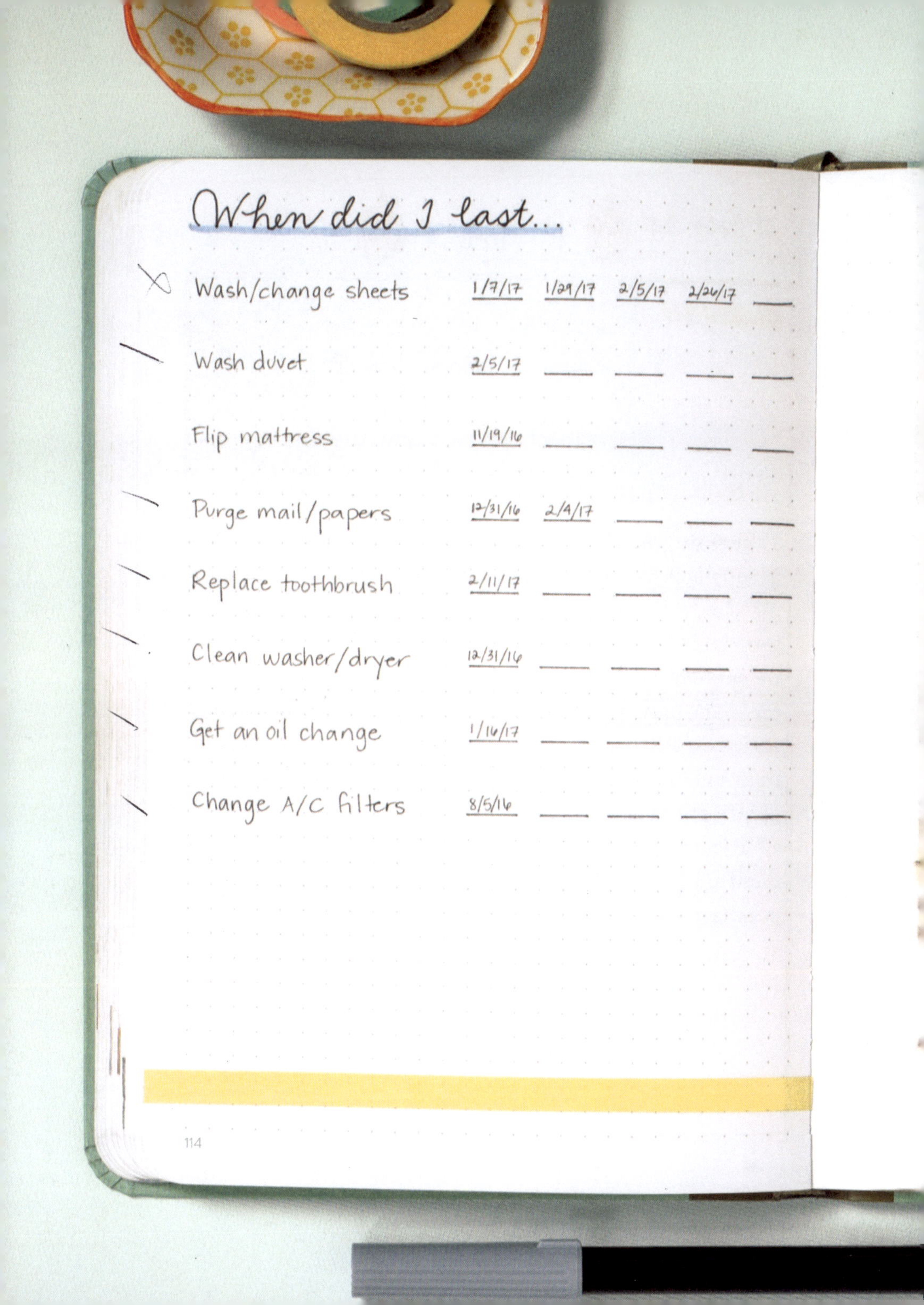
When did I last...
Wash/change sheets 1/7/17 1/29/17 2/5/17 2/26/17
Wash duvet 2/5/17
Flip mattress 11/19/16
Purge mail/papers 12/31/16 2/4/17
Replace toothbrush 2/11/17
Clean washer/dryer 12/31/16
Get an oil change 1/16/17
Change A/C filters 8/5/16

Emploi du temps pour les tâches ménagères basiques

J'aimerais pouvoir dire que je connais parfaitement la fréquence à laquelle je devrais nettoyer mon lave-vaisselle ou retourner mon matelas, mais en vérité… je n'en ai aucune idée. (D'un autre côté, je connais la vie de chacun des membres du *Club des Baby-sitters*. Le cerveau est vraiment bizarre parfois !) Si tu es comme moi, créer une page que tu peux consulter quand tu te demandes s'il est temps de faire ces tâches pourrait être vraiment utile, surtout si tu as une maison et que tu dois entretenir des choses comme les gouttières ou les filtres de ventilation.

P.-S. : si tu te sens vraiment inspiré, tu peux mettre cet agencement sur la page de gauche, puis le planning « Quand ai-je fait ça pour la dernière fois ? » sur la droite.

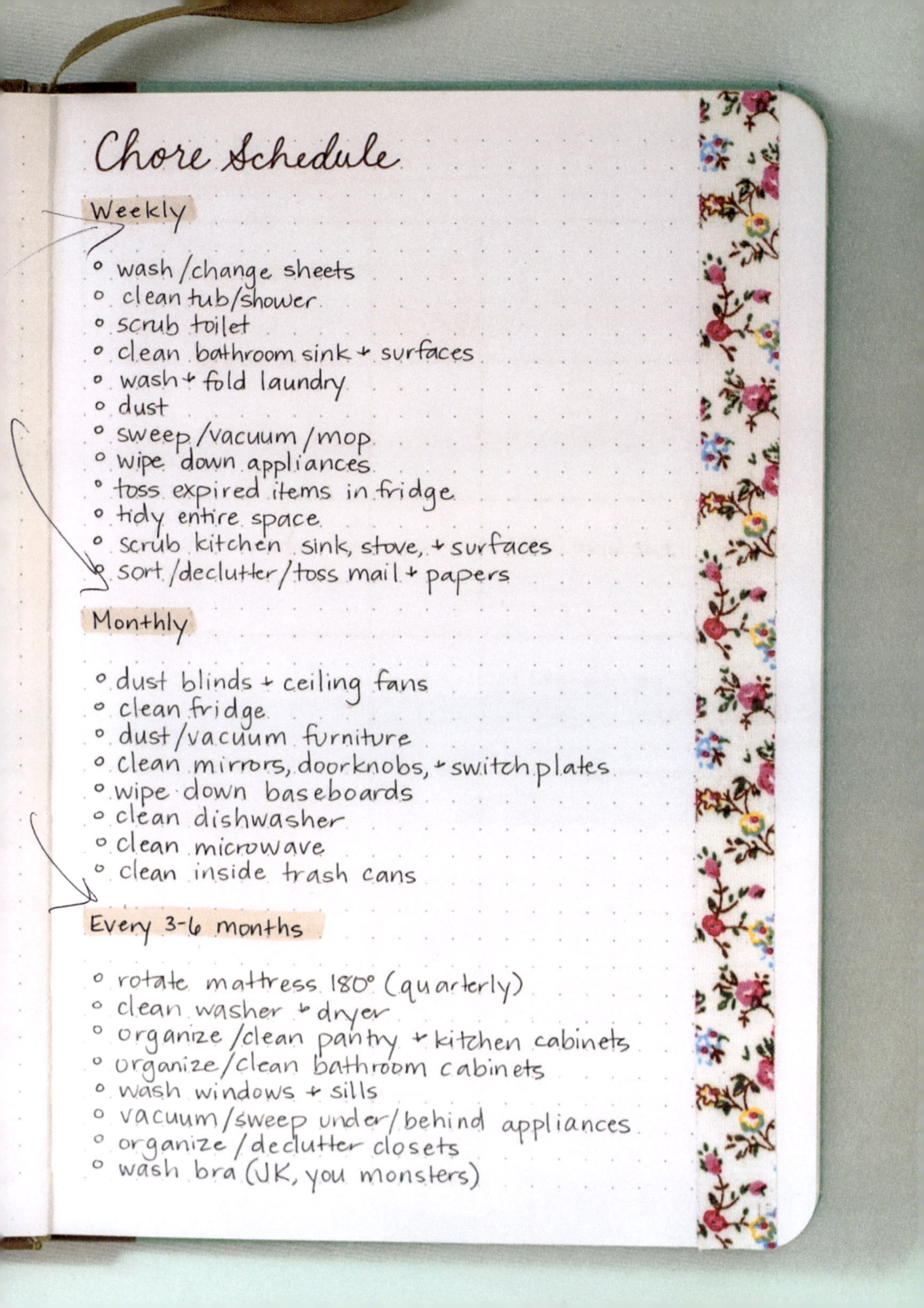
Chore Schedule
Weekly
wash/change sheets
clean tub/shower
scrub toilet
clean bathroom sink + surfaces
wash + fold laundry
dust
sweep/vacuum/mop
wipe down appliances
toss expired items in fridge
tidy entire space
scrub kitchen sink, stove, + surfaces
sort/declutter/toss mail + papers
Monthly
dust blinds + ceiling fans
clean fridge
dust/vacuum furniture
clean mirrors, doorknobs, + switch plates
wipe down baseboards
clean dishwasher
clean microwave
clean inside trash cans
Every 3-6 months
rotate mattress 180° (quarterly)
clean washer + dryer
organize/clean pantry + kitchen cabinets
organize/clean bathroom cabinets
wash windows + sills
vacuum/sweep under/behind appliances
organize/declutter closets
wash bra (JK, you monsters)

“

Je suis angoissée et cela me calme
de m’exprimer ici. C’est comme se murmurer
à soi-même et écouter en même temps.

MINA MURRAY dans son journal dans *Dracula*

”

CHAPITRE 12

Planning de repas

Mon opinion sur la programmation des repas, sur les courses et sur la cuisine change d'un mois à l'autre et d'une année à l'autre. Parfois je trouve que faire les courses, c'est chouette et thérapeutique, j'ai vraiment envie d'essayer de nouvelles recettes et différents types de cuisine ; et manger des légumes me donne presque le vertige. À d'autres moments, je trouve tout ça très laborieux, épuisant et je préfère me nourrir exclusivement de quesadillas, de plats à emporter et de tristes déjeuners au bureau, tout droit sortis du placard à encas du boulot. Mais même pendant ces périodes, il n'en reste pas moins que les humains doivent, en effet, manger ; prévoir ce qu'on va manger peut être le fondement de la santé physique, financière et de la tranquillité d'esprit en général. Que tu sois une vraie Gwyneth[7] ou que tu aies tendance à te demander si le ketchup compte comme un légume, voici quelques mises en page pour t'aider à agir.

[7] Gwyneth Paltrow est une actrice américaine ; elle gère un site culinaire et a publié deux livres de cuisine chez Marabout, *Tout est bon* en 2014 et *Tout est simple* en 2016. *(N.d.E.)*

Tableau simple pour programme de repas

Parfois, prévoir ses repas est très simple : il te suffit d'écrire ce que tu vas manger et quand. Que tu choisisses de faire une liste de courses et de collecter des recettes dans ton Bullet carnet ou que tu préfères le faire sur ton téléphone, cet agencement marchera de toute façon.

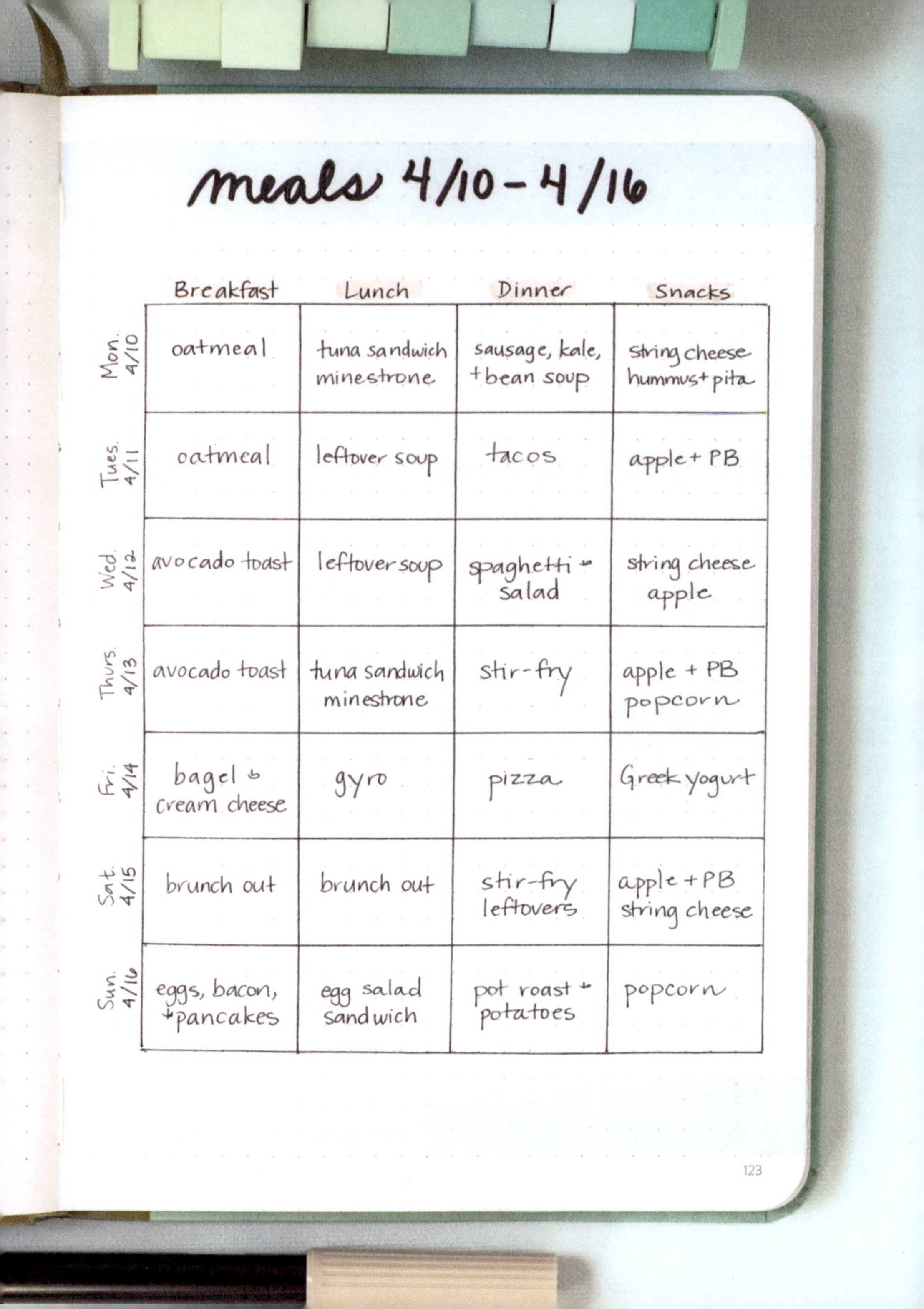

meals 4/10 – 4/16

	Breakfast	Lunch	Dinner	Snacks
Mon. 4/10	oatmeal	tuna sandwich minestrone	sausage, kale, + bean soup	string cheese hummus + pita
Tues. 4/11	oatmeal	leftover soup	tacos	apple + PB
Wed. 4/12	avocado toast	leftover soup	spaghetti + salad	string cheese apple
Thurs. 4/13	avocado toast	tuna sandwich minestrone	stir-fry	apple + PB popcorn
Fri. 4/14	bagel + cream cheese	gyro	pizza	Greek yogurt
Sat. 4/15	brunch out	brunch out	stir-fry leftovers	apple + PB string cheese
Sun. 4/16	eggs, bacon, + pancakes	egg salad sandwich	pot roast + potatoes	popcorn

Programme de repas + liste de courses

Si tu veux créer une liste de courses dans ton Bullet carnet, ceci est une disposition simple et nette. Dans la liste, le point signifie « besoin de » et le x « j'ai déjà » ; ce x peut être ajouté quand tu te tiens devant ton frigo ou à mesure que tu ajoutes des articles dans ton Caddie au supermarché. Tu peux aussi utiliser la liste tout au long de la semaine pour noter les choses que tu n'as plus. Par exemple, quand tu termines les œufs, tu peux souligner ou entourer le x qui correspond ; s'il te manque quelque chose qui n'est pas sur la liste, tu peux tout simplement l'ajouter en dessous. Quand tu crées le programme des repas de la semaine suivante, tu peux revenir à l'ancienne liste pour t'assurer que tu n'oublies rien.

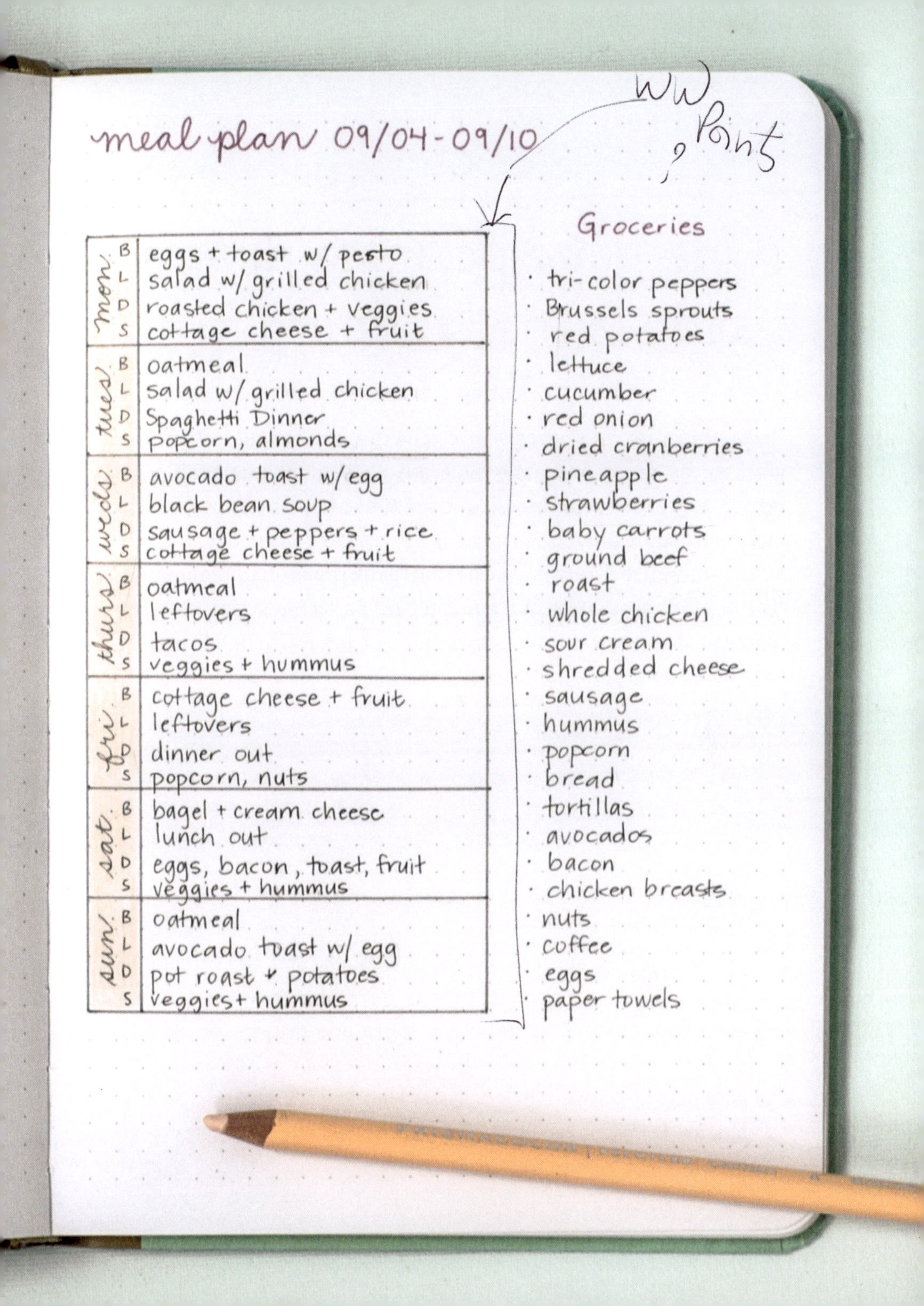
meal plan 09/04-09/10
WW Points?
mon. B eggs + toast w/ pesto
L salad w/ grilled chicken
D roasted chicken + veggies
S cottage cheese + fruit
tues. B oatmeal
L salad w/ grilled chicken
D Spaghetti Dinner
S popcorn, almonds
weds. B avocado toast w/ egg
L black bean soup
D sausage + peppers + rice
S cottage cheese + fruit
thurs. B oatmeal
L leftovers
D tacos
S veggies + hummus
fri. B cottage cheese + fruit
L leftovers
D dinner out
S popcorn, nuts
sat. B bagel + cream cheese
L lunch out
D eggs, bacon, toast, fruit
S veggies + hummus
sun. B oatmeal
L avocado toast w/ egg
D pot roast + potatoes
S veggies + hummus
Groceries
· tri-color peppers
· Brussels sprouts
· red potatoes
· lettuce
· cucumber
· red onion
· dried cranberries
· pineapple
· strawberries
· baby carrots
· ground beef
· roast
· whole chicken
· sour cream
· shredded cheese
· sausage
· hummus
· popcorn
· bread
· tortillas
· avocados
· bacon
· chicken breasts
· nuts
· coffee
· eggs
· paper towels

Une page pour les dîners avec la méthode Post-it

Cette présentation s'adresse aux gens qui aiment *l'idée* d'un programme de repas organisé, mais qui ne veulent pas avoir à le refaire toutes les semaines. Tu crées tout simplement la présentation une seule fois, écris les repas prévus sur des Post-it, puis les échanges contre d'autres avec de nouveaux repas chaque semaine. (Ou, si tu manges souvent les mêmes repas, tu peux réutiliser les mêmes.) Cela te permet aussi de changer tes repas de place pendant la semaine sans mettre toute ta page sens dessus dessous.

Pour détacher un Post-it de son bloc, la plupart des gens prennent le Post-it par le coin en bas à gauche et le tire vers le haut en diagonale… ce qui leur donne inévitablement un Post-it enroulé sur lui-même. En fait, il existe une manière simple d'éviter ce problème ! Fais tourner le bloc pour que la partie collante soit à gauche plutôt qu'en haut ; puis, en partant du bas, tire le Post-it vers le haut et détache-le. Les Post-it seront parfaitement plats à chaque fois !

Dinner Plans
S
roasted chicken + veggies
M
meatloaf, green beans, + potatoes
T
steak fajitas
W
spaghetti, salad, + garlic bread
T
chicken stir-fry
F
eggs, bacon, toast
S
takeout
125

Liste d'aliments de base

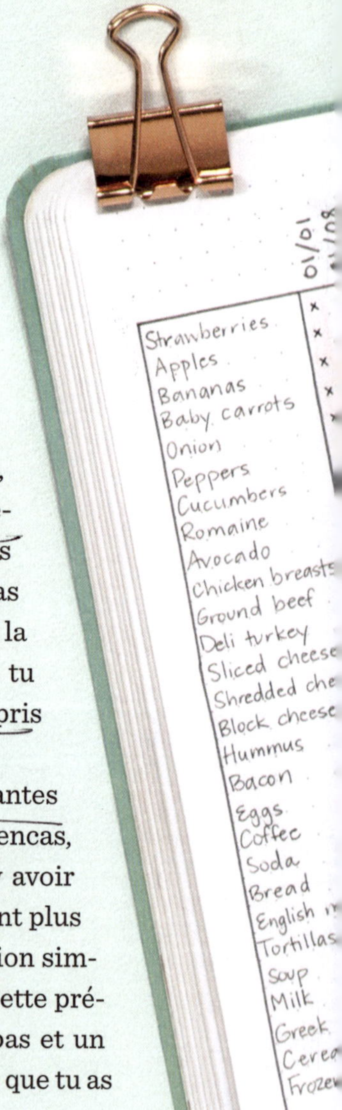

J'ai mes petites habitudes et il m'arrive souvent d'acheter les mêmes aliments toutes les semaines. Si tu fais la même chose et que tu en as marre de réécrire les mêmes choses tout le temps, tu peux utiliser un agencement de ce type. Sur la gauche, écris tous les aliments que tu utilises régulièrement ; en haut, fais la liste des semaines pour les trois mois qui suivent environ. Si, une semaine, tu n'as pas besoin d'acheter un aliment en particulier, laisse la case vide ; sinon, ajoute un point qui indique que tu dois l'acheter, puis marque-le d'un x quand tu l'as pris au magasin.

Et si tu sais que certaines choses sont constantes (par exemple, le petit déjeuner, le déjeuner, les encas, mais aussi le lait, les œufs, etc.), mais qu'il peut y avoir des variables (les dîners ou des aliments qui mettent plus d'une semaine à être consommés), essaye une version simplifiée de la méthode Post-it sur la page opposée. Cette présentation a un espace pour ton programme de repas et un autre pour la liste de tous les aliments non basiques que tu as besoin d'acheter cette semaine.

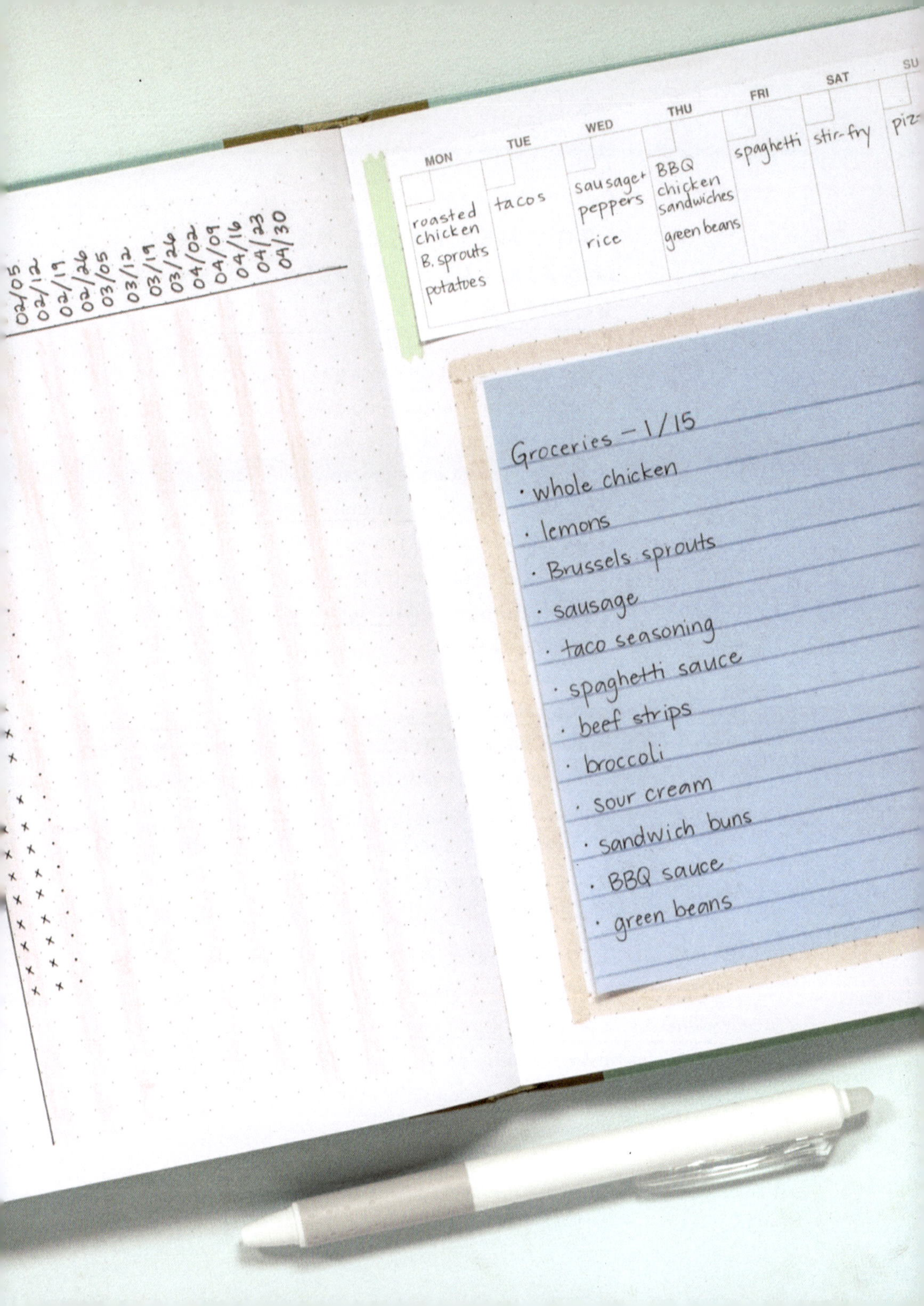

02/05
02/12
02/19
02/26
03/05
03/12
03/19
03/26
04/02
04/09
04/16
04/23
04/30
MON
TUE
WED
THU
FRI
SAT
SU
roasted chicken
B. sprouts
potatoes
tacos
sausage+ peppers
rice
BBQ chicken sandwiches
green beans
spaghetti
stir-fry
Groceries – 1/15
· whole chicken
· lemons
· Brussels sprouts
· sausage
· taco seasoning
· spaghetti sauce
· beef strips
· broccoli
· sour cream
· sandwich buns
· BBQ sauce
· green beans

« ARG ! MES PAGES NE SERONT JAMAIS AUSSI BELLES : MON ÉCRITURE EST HORRIBLE ! »

Presque tout le monde dit ça, parce que presque tout le monde, sauf les calligraphes, pense que son écriture est horrible. Même moi ! Regarder son écriture de trop près, c'est comme écouter un enregistrement de sa propre voix. C'est *bizarre*.

Mais détester ton écriture est une raison ridicule de ne pas commencer un Bullet carnet. Ton écriture, c'est ton écriture… Elle fait autant partie de toi que tes empreintes digitales. Et tu es vraiment le seul qui la verras, donc tant que tu peux la lire, tout le monde s'en fiche de savoir si elle est « belle » ou « moche ». De plus, tu te rendras peut-être compte, en commençant à écrire dans ton carnet régulièrement, que ton écriture s'améliorera un peu… ou du moins tu t'y habitueras. D'un autre côté, si ça te dérange vraiment, tu peux prendre les choses *en mains* (je suis drôle, je sais) et adopter une démarche plus proactive.

Améliorer ton écriture avec Michael Sull

Michael Sull est auteur et calligraphe ; il est l'un des derniers maîtres calligraphes résidant aux États-Unis. Il s'intéresse énormément à l'écriture manuscrite, qu'il considère comme une partie importante de l'histoire de son pays. « L'écriture manuscrite est un langage visible, affirme Sull. C'est une forme d'expression artistique. Et si elle n'est pas lisible, elle ne sert à rien. »

Les conseils de Sull :

1. **Ralentis.** Si tu parles trop vite, personne ne te comprend. Si tu écris trop vite, personne ne pourra te lire. Alors : Prends. Ton. Temps. Tu devrais écrire assez lentement pour avoir le temps de vraiment penser à chaque lettre en la formant. (Cela t'aidera aussi à diminuer les fautes d'orthographe et autres erreurs.)

2. **N'appuie pas trop fort.** Assure-toi que la pression reste légère ; tu dois appuyer assez pour que l'encre apparaisse. Si tu appuies plus, tu ne réussiras qu'à te faire mal à la main.

3. **Cherche à quoi les lettres devraient vraiment ressembler.** Oui, il existe une manière correcte de former chaque lettre et ce n'est peut-être pas celle que tu as apprise à l'école primaire. Si tu cherches de l'inspiration, regarde le Spencerian Script (« écriture spencérienne »), la méthode Palmer et la méthode Zaner-Bloser. Ces types de calligraphie sont superbes (et peuvent être très impressionnants au début), mais ils n'ont pas été créés dans un but esthétique : ils ont été conçus pour écrire plus vite, plus facilement et en se faisant moins mal.

Avec ces méthodes, ton écriture sera plus belle et tu réussiras à écrire sans difficulté pendant longtemps.

4. **Réentraîne ta main et ton bras.** Si ta main se fatigue rapidement ou te fait mal quand tu écris, c'est probablement parce que tu n'es pas dans la bonne position ou n'utilise pas les bons muscles. La bonne manière de s'asseoir, de tenir son stylo, de placer le papier et de former les lettres est peut-être différente de ce que tu as l'habitude de faire, mais réentraîner ton corps peut vraiment tout changer (en utilisant l'un des systèmes de calligraphie mentionnés ci-dessus.)

CHAPITRE 13

Planning de voyage

Voyager va de pair avec les carnets depuis des milliers d'années. Un long voyage est ce qui pousse beaucoup de gens à commencer un journal. Le système du Bullet carnet s'y prête vraiment bien : tu peux prévoir ton séjour, consigner les infos importantes et noter rapidement tes pensées et observations, sans perdre un temps précieux que tu préférerais passer dans un musée ou au sommet d'une montagne. J'aurais aimé avoir un Bullet carnet quand j'étudiais à l'université à l'étranger ! Je tenais bien un journal, mais j'aurais adoré pouvoir utiliser ce système-là. Bon, ben... raison de plus pour commencer à prévoir un autre grand voyage, je suppose !

Planning de base

Tu peux créer cette présentation simple dès que tu commences à prévoir ton voyage. Elle est conçue pour t'aider à garder le fil des choses les plus importantes : ce que tu vas faire et où tu vas manger. (Les meilleurs voyages sont ceux où tu fais juste un peu de tourisme entre 2 délicieux restaurants, pas vrai ?) Et chaque fois qu'un ami ou une connaissance te dit : « Oh, il faut *absolument* que tu fasses ça pendant ton voyage », tu peux le noter à cet endroit pour ne pas l'oublier.

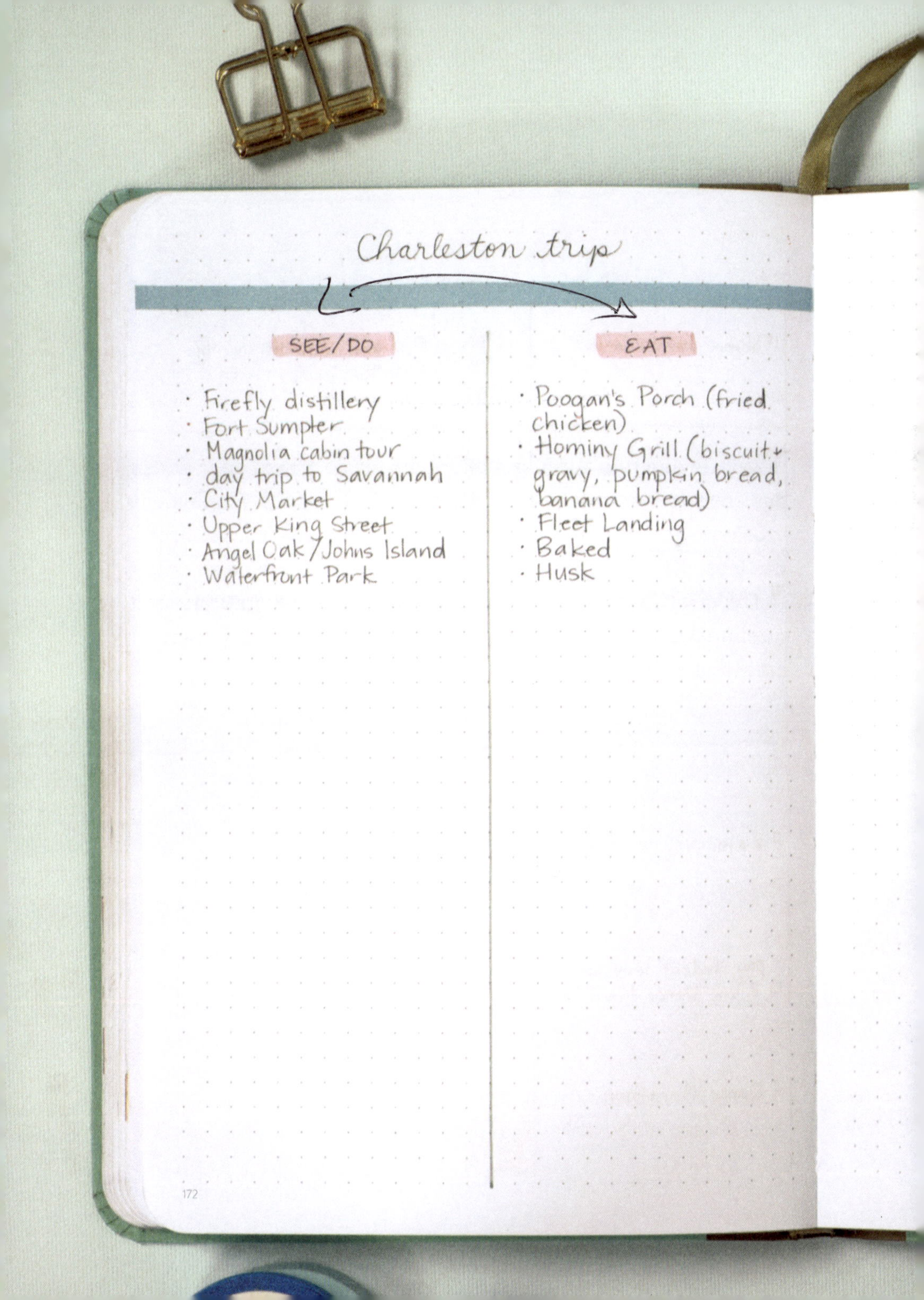
Charleston trip
SEE/DO
· Firefly distillery
· Fort Sumpter
· Magnolia cabin tour
· day trip to Savannah
· City Market
· Upper King Street
· Angel Oak/Johns Island
· Waterfront Park
EAT
· Poogan's Porch (fried chicken)
· Hominy Grill (biscuit + gravy, pumpkin bread, banana bread)
· Fleet Landing
· Baked
· Husk

Liste des meilleurs moments

Si tu sais que tu n'auras pas énormément de temps pour écrire dans ton carnet pendant ton voyage, tu peux tout simplement créer un agencement sous forme de liste pour noter les endroits où tu es allé, les choses que tu as mangées et toute observation rapide que tu te fais chaque jour. J'aime cette présentation parce qu'elle est nette et paraît très faisable, même quand le programme est plutôt chargé.

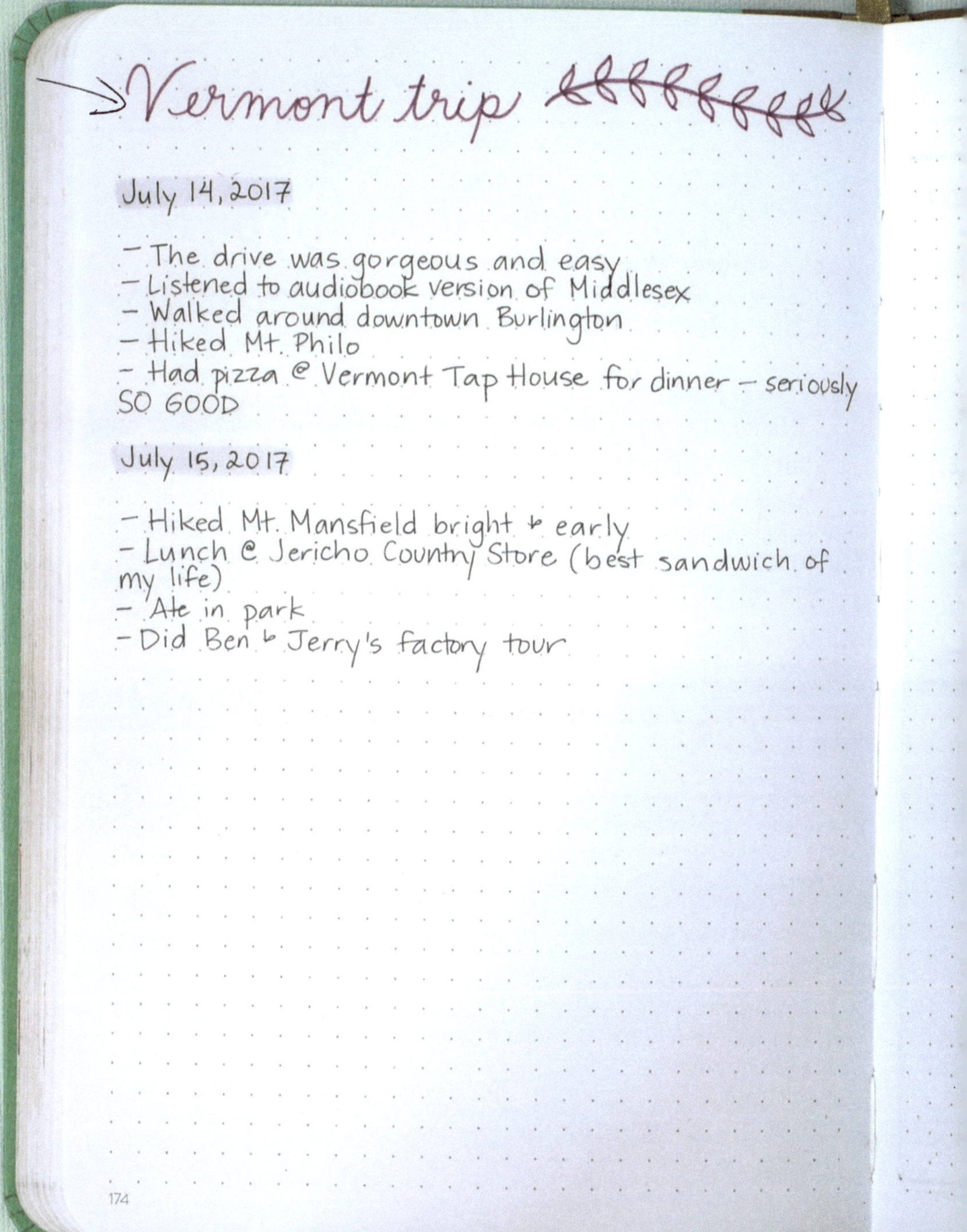
Vermont trip
July 14, 2017
- The drive was gorgeous and easy
- Listened to audiobook version of Middlesex
- Walked around downtown Burlington
- Hiked Mt. Philo
- Had pizza @ Vermont Tap House for dinner - seriously SO GOOD
July 15, 2017
- Hiked Mt. Mansfield bright & early
- Lunch @ Jericho Country Store (best sandwich of my life)
- Ate in park
- Did Ben & Jerry's factory tour
174

Phrases pour t'inspirer dans ton carnet de voyage

Quand tu voyages, il peut être difficile de savoir exactement quoi dire sur toutes les expériences géniales que tu fais. Donc si tu as tendance à ne pas trouver tes mots, choisis chaque jour 2 phrases à compléter.

IDÉES POUR ÉCRIRE EN VOYAGE

1. Ce qui m'a surpris aujourd'hui
2. Trois personnes avec qui j'ai interagi
3. Trois odeurs que j'ai remarquées
4. Les couleurs qui me sont restées en tête
5. Une chose que j'ai apprise
6. Une chose que j'aurais aimé faire différemment
7. Ce qu'une personne du coin a dit
8. Meilleur moment + pire moment de la journée
9. Mon panorama préféré
10. Un animal que j'ai vu
11. Quelque chose de nouveau que j'ai essayé
12. Aujourd'hui, il faisait...
13. Aujourd'hui, je portais...
14. Ce dont j'avais le plus besoin aujourd'hui
15. Ce que j'ai bu aujourd'hui
16. Un moyen de transport que j'ai emprunté
17. Je me suis senti gêné quand...
18. Je me suis senti le plus à l'aise quand...
19. Ce qui m'a fait peur aujourd'hui...

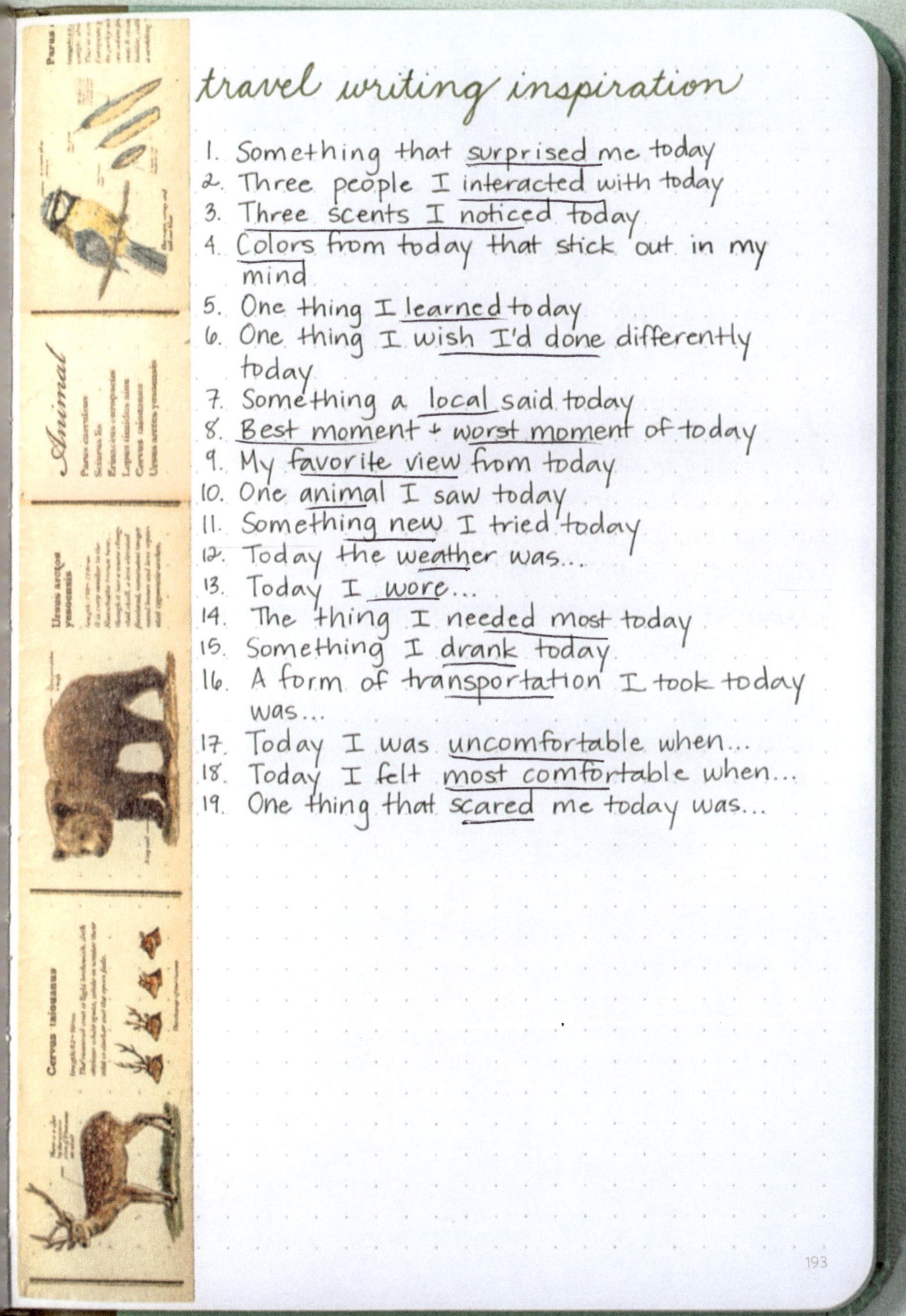
travel writing inspiration
1. Something that surprised me today
2. Three people I interacted with today
3. Three scents I noticed today
4. Colors from today that stick out in my mind
5. One thing I learned today
6. One thing I wish I'd done differently today
7. Something a local said today
8. Best moment + worst moment of today
9. My favorite view from today
10. One animal I saw today
11. Something new I tried today
12. Today the weather was...
13. Today I wore...
14. The thing I needed most today
15. Something I drank today
16. A form of transportation I took today was...
17. Today I was uncomfortable when...
18. Today I felt most comfortable when...
19. One thing that scared me today was...
Animal
Ursus arctos yesoensis
Cervus taiouanus

Liste des choses à emporter

Si tu voyages régulièrement et que tu refais tout le temps la même liste, tu trouveras peut-être utile de créer une page que tu peux réutiliser à chaque voyage. Les objets indispensables vont à gauche et les voyages en haut. Laisse ensuite un espace en bas de la page pour ajouter des objets dont tu auras besoin seulement pour un voyage en particulier.

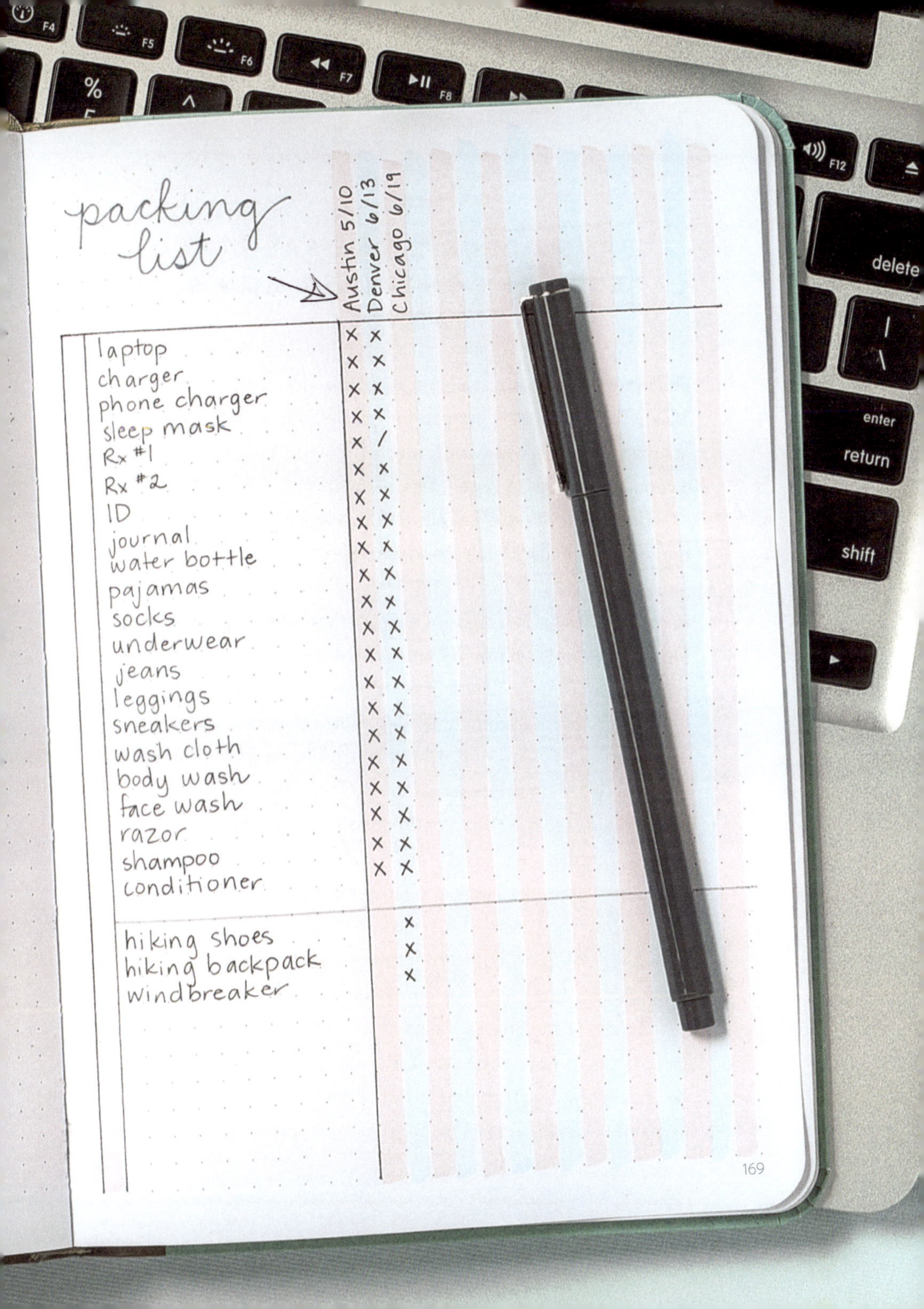
packing list
Austin 5/10
Denver 6/13
Chicago 6/19
laptop
charger
phone charger
sleep mask
Rx #1
Rx #2
ID
journal
water bottle
pajamas
socks
underwear
jeans
leggings
sneakers
wash cloth
body wash
face wash
razor
shampoo
conditioner
hiking shoes
hiking backpack
windbreaker
F4
F5
F6
F7
F8
F12
delete
enter
return
shift

« J'AI PEUR DE NE PAS ÊTRE CAPABLE DE CONTINUER MON BULLET CARNET ! »

Cette inquiétude me fait toujours rire, parce qu'elle sous-entend que ce n'est pas toi qui décides si tu t'y tiendras ou pas. Est-ce que tu *veux* continuer ? Eh bien… continue ! Quand tu as envie de ne pas le faire… fais le contraire !

Blagues (et conseils vraiment inutiles) à part, 2 choses m'ont encouragée à continuer mon Bullet carnet et elles t'aideront peut-être aussi. Premièrement, je savais *pourquoi* je voulais le faire, ce qui m'aide toujours à poursuivre une nouvelle habitude. Deuxièmement, j'ai prévu mes présentations initiales avec ma vie *actuelle* en tête, pas sa version fantasmée où je ne passe pas une heure sur mon téléphone quand je rentre chez moi après le travail, où je repasse toujours mes habits la veille du jour où je dois les porter et où je ne galère jamais entre l'argent et le reçu à la caisse.

Alors pense à la raison pour laquelle tu commences ton Bullet carnet, combien de ton temps libre tu peux *vraiment* y passer, combien d'énergie tu as tout au long de la journée et de la semaine, et ce qui te motivera le plus sûrement (et ce qui a tendance à te *démotiver*). Puis crée un programme adapté aux moments où tu es le plus occupé ou le plus paresseux.

Et si tu sens que tu t'essouffles, réfléchis un peu à *pourquoi* tu as laissé tomber cette habitude. Cette année, ma collègue m'a dit qu'elle avait abandonné le Bullet carnet après seulement trois semaines. On en a parlé et on a compris quelles étaient ses difficultés : elle aimait *l'idée* d'un planning hebdomadaire en théorie, mais pas vraiment en pratique, et elle n'était pas très motivée pour faire son Bullet carnet après une longue journée ou d'un long trajet. On a parlé de ce à quoi elle voulait vraiment qu'il serve (à noter ses habitudes plus qu'à tenir un journal intime quotidien). Puis on a trouvé 2 solutions pratiques : emporter son carnet avec elle plus souvent et essayer une nouvelle présentation quotidienne qu'elle trouve plus facile et plus inspirante. Et hop, problème résolu !

Pour finir, sache que si tu arrêtes le Bullet carnet pendant quelque temps, tu peux toujours t'y remettre, exactement là où tu t'es arrêté. Même après plusieurs semaines ou plusieurs mois, ton carnet sera là, prêt à t'accueillir de nouveau.

CHAPITRE 14

Rendre ton Bullet carnet plus personnel

Rendre beau ton Bullet carnet n'est pas une obligation, mais c'est un aspect de la chose que beaucoup de gens (moi comprise) apprécient vraiment. Dans *La Magie du rangement* de Marie Kondo, j'ai toujours adoré l'idée selon laquelle les objets du quotidien qui nous entourent devraient « étinceler de bonheur »[8] et cette approche s'applique aussi à mon Bullet carnet. Tout d'abord, pour que mon carnet étincèle de bonheur, il doit être fonctionnel : je veux pouvoir écrire, lire et y trouver des informations importantes sans faire trop d'effort. Et, ensuite… ben oui, j'ai envie d'apprécier son apparence !

[8] Marie Kondo a également écrit un ouvrage intitulé *Ranger : l'Étincelle du bonheur* (Pygmalion, 2016). *(N.d.T.)*

Pour moi, c'est la même chose que le maquillage. Personne n'a *besoin* de maquillage. Mais tu as forcément un certain intérêt personnel pour la beauté ou les produits de toilette. Même les gens qui ne portent pas de maquillage se soucient, par exemple, du savon, du shampoing ou de la crème qu'ils utilisent : ils veulent que ces produits marchent bien et qu'ils sentent bon. D'autres passent peut-être facilement 10 à 20 minutes chaque jour à se maquiller et à essayer de nouveaux produits pour trouver ce qui leur convient le mieux, et sont peut-être prêts à faire un petit écart pour les articles qu'ils préfèrent. Et d'autres encore sont à fond dans le maquillage… Ils sont obsédés par les forums qu'ils lisent pour apprendre davantage sur les différents produits, ils passent une heure à se pomponner chaque jour, dépensent une fortune sur des produits haut de gamme et traitent cela comme un passe-temps et une forme d'expression créative. Et, quoi qu'en pensent certaines personnes (grossières !), il n'y a ni bien ni mal inhérent à aucune de ces approches.

Alors, tout ça pour dire : que tu sois un passionné de papeterie qui rougit un peu quand il parle de ses stylos et marqueurs préférés, que tu veuilles juste ajouter un peu de Masking tape par-ci par-là dans ton carnet ou que tu cherches juste un bon stylo noir avec lequel il est facile d'écrire et qui ne bave pas… ça me va. *Ça me va très bien*. Où que tu ailles, mon conseil reste le même : achète des articles qui marchent vraiment, que tu peux te permettre d'acheter, qui étincèlent de bonheur d'une manière ou d'une autre et qui te motivent à faire ton Bullet carnet, pas le contraire. Voici quelques produits qui remplissent tous ces critères pour moi.

STYLOS NOIRS

Selon moi, un bon stylo doit :

- être agréable à tenir
- te permettre d'écrire de façon fluide et lisible sans avoir à appuyer trop fort
- former des lettres et des traits faciles à voir à une distance raisonnable
- ne pas baver ou traverser une feuille de papier de qualité moyenne

Je pense que les stylos gel noirs rétractables sont les meilleurs pour ce genre de boulot et je les préfère plutôt fins (0,5 mm ou moins, mais j'ai remarqué que les stylos plus fins que ça ont tendance à « accrocher » le papier quand on écrit). J'ai écrit la plupart du texte en noir dans les présentations de ce livre avec un stylo gel Pilot Juice 0,38 mm, qui est mon stylo fétiche de tous les jours. En deuxième place, arrivent le stylo gel noir Pilot G2 0,5 mm (que j'ai utilisé fidèlement pendant des années et qui reste le plus facile de ces stylos à trouver en magasin) et les stylos gel Muji 0,5 mm. Et si tu cherches quelque chose d'extra fin qui n'accroche pas trop la page, le Uni-ball Signo 0,28 mm est génial.

En ce qui concerne les stylos roller, j'aime le Uni-ball Deluxe Micro 0,5 mm et le Pilot Precise V5 RT. Si les stylos à bille te correspondent plus, mes préférés sont le Uni Jetstream Alpha Gel Grip 0,7 mm et le Uni Jetstream Standard 0,5 mm. J'aime aussi le Zebra F-301 0,7 mm (le stylo préféré de ma grand-mère et celui que j'ai utilisé pour beaucoup de mes anciens journaux), même si son encre est plus pâle que beaucoup de ses concurrents. Et même si, personnellement, ce n'est pas mon préféré, beaucoup de mes amis passionnés de stylos bille sont fans du Pentel R.S.V.P. 0,7 mm.

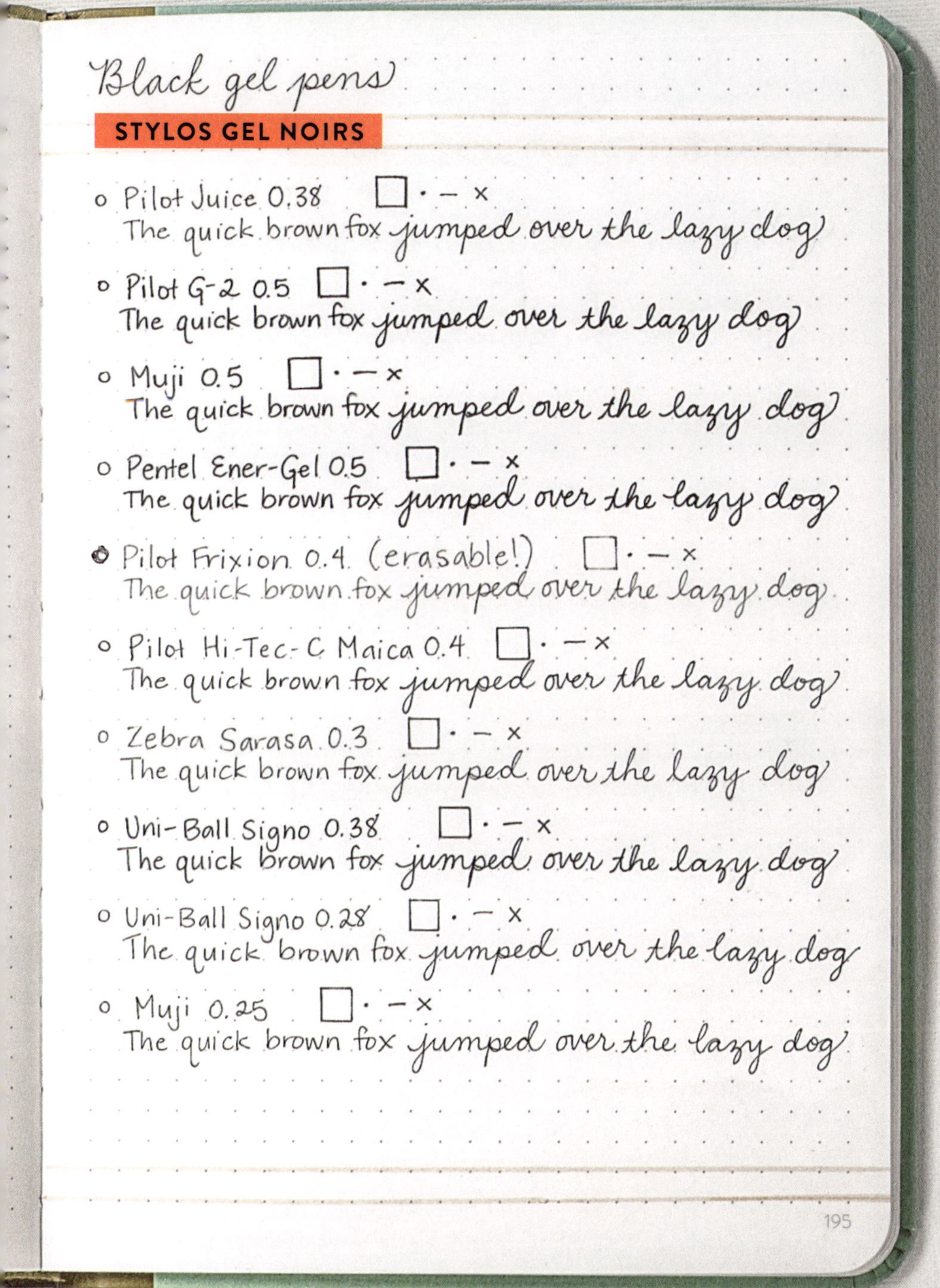
Black gel pens
STYLOS GEL NOIRS
o Pilot Juice 0.38 ☐ · – x
The quick brown fox jumped over the lazy dog
o Pilot G-2 0.5 ☐ · – x
The quick brown fox jumped over the lazy dog
o Muji 0.5 ☐ · – x
The quick brown fox jumped over the lazy dog
o Pentel Ener-Gel 0.5 ☐ · – x
The quick brown fox jumped over the lazy dog
o Pilot Frixion 0.4 (erasable!) ☐ · – x
The quick brown fox jumped over the lazy dog
o Pilot Hi-Tec-C Maica 0.4 ☐ · – x
The quick brown fox jumped over the lazy dog
o Zebra Sarasa 0.3 ☐ · – x
The quick brown fox jumped over the lazy dog
o Uni-Ball Signo 0.38 ☐ · – x
The quick brown fox jumped over the lazy dog
o Uni-Ball Signo 0.28 ☐ · – x
The quick brown fox jumped over the lazy dog
o Muji 0.25 ☐ · – x
The quick brown fox jumped over the lazy dog

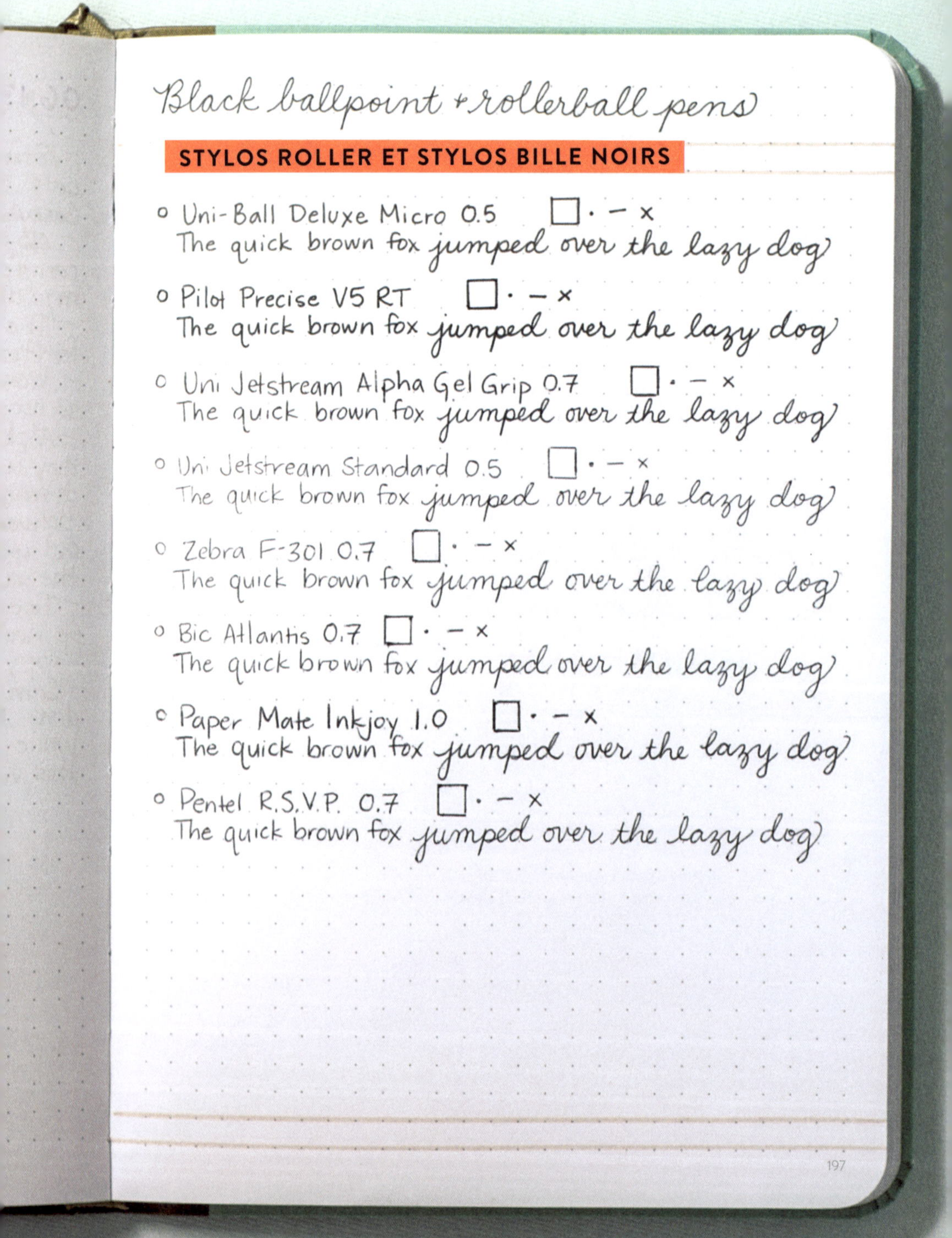

Black ballpoint + rollerball pens
STYLOS ROLLER ET STYLOS BILLE NOIRS
Uni-Ball Deluxe Micro 0.5 ☐ · – x
The quick brown fox jumped over the lazy dog
Pilot Precise V5 RT ☐ · – x
The quick brown fox jumped over the lazy dog
Uni Jetstream Alpha Gel Grip 0.7 ☐ · – x
The quick brown fox jumped over the lazy dog
Uni Jetstream Standard 0.5 ☐ · – x
The quick brown fox jumped over the lazy dog
Zebra F-301 0.7 ☐ · – x
The quick brown fox jumped over the lazy dog
Bic Atlantis 0.7 ☐ · – x
The quick brown fox jumped over the lazy dog
Paper Mate Inkjoy 1.0 ☐ · – x
The quick brown fox jumped over the lazy dog
Pentel R.S.V.P. 0.7 ☐ · – x
The quick brown fox jumped over the lazy dog
197

Tu te sens perdu face à tous ces termes différents ? T'inquiète, je suis là. (En fait, mes amis de JetPens sont là, parce que, moi-même, je n'étais pas sûre des différences techniques exactes, alors je leur ai demandé.)

Stylo à bille : contient une encre visqueuse à base d'huile qui sèche rapidement et est compatible avec la plupart des types de papier.

Stylo roller : contient une encre à base d'eau ; il offre une expérience d'écriture plus fluide que les stylos à bille, mais l'encre met plus longtemps à sécher.

Stylo gel : contient une encre faite de pigments mélangés à un gel à base d'eau ; l'encre est moins dense que celle des stylos à bille, mais plus que celle des stylos roller. Il combine donc écriture fluide et séchage rapide.

STYLOS DE COULEUR

Si tu souhaites utiliser des stylos de couleur dans ton Bullet carnet, il existe une infinité de possibilités et les « meilleures » sont vraiment une question de choix personnel : tout dépend des couleurs que tu préfères, de la grosseur de pointe tu aimes le mieux, de l'épaisseur et de la densité de traits que tu veux obtenir et ce qui te paraît le plus agréable quand tu écris. Voici quelques-uns de mes préférés :

Les Triplus Fineliner de Staedtler. Ces feutres, qui se déclinent en 42 couleurs, sont de forme triangulaire et j'adore la sensation qu'ils me donnent quand je les tiens ; la pointe de 0,3 mm permet d'obtenir des traits fins et nets.

Les Point 88 de Stabilo. Avec une pointe de 0,4 mm, ces feutres sont un peu plus épais que les Staedtler, mais les traits restent assez fins. Ils ont un corps de forme hexagonale et sont disponibles en 47 couleurs, y compris des couleurs fluo, neutres et brillantes.

Les PITT Artist Pens de Faber-Castell. J'ai récemment découvert cette marque dans un magasin de fournitures d'art et j'en suis tombée amoureuse. Les feutres à pointe de 0,3 mm sont merveilleux pour écrire ; ceux de couleur bleu indanthrène sont déjà sur ma liste des meilleurs stylos de tous les temps. Leurs feutres Pitt Artist Pens métalliques de 1,5 mm sont plutôt épais, donc je ne les utilise pas souvent, mais ils se déclinent dans des couleurs uniques et magnifiques et sont parfaits pour les en-têtes, le texte surligné et les citations.

Les stylos gel de Muji. Ils sont largement appréciés et restent une bonne option si tu souhaites écrire beaucoup en couleur. Ils sont extrêmement fluides et sont disponibles en 0,5 mm et 0,38 mm. J'aimerais juste qu'ils proposent plus de couleurs !

Les feutres Micron de Pigma. Beaucoup d'amis à moi les utilisent pour prendre des notes ET dessiner ou griffonner. Ils existent en différentes tailles et couleurs ; mes préférés sont le bleu, le marron et le vert. (Mais, au passage, toutes les couleurs ne sont pas disponibles dans toutes les grosseurs de pointe.)

STAEDTLER triplus fineliner
DRY SAFE
JAPAN

Tombow dual brush pens
942 one two
800 one two
850 one two
761 one two
491 one two
620 one two
603 one two
Faber-Castell brush pens
220 notes notes
116 notes notes
132 notes notes
172 notes notes
146 notes notes
Zebra Mildliners
Frixion

En général, dans mon Bullet carnet, je n'utilise des feutres et des marqueurs que pour les éléments et présentations que je sais que je ferai à la maison (exemple : dates, en-têtes, séparations, passages de journal intime et plannings du mois). Comme ça, je n'ai pas à avoir peur d'oublier un jour d'emporter un stylo important au travail, ce qui pourrait remettre en cause toute une *to-do list* quotidienne basée sur un code couleur. Je n'ai pas besoin de plus de stress dans ma vie.

MARQUEURS ET SURLIGNEURS

Les feutres-pinceaux à double pointe (ou Dual Brush Pens) de Tombow. Tous les gens qui me connaissent savent que je suis obsédée par ces marqueurs, disponibles en 96 magnifiques couleurs. En fonction de la teinte exacte que tu désires, tu peux faire un seul trait (pour obtenir une nuance plus pure) ou repasser plusieurs fois (pour une teinte plus intense). Les feutres Tombow sont aussi géniaux pour colorier de grandes zones et tu peux utiliser la pointe fine à l'autre extrémité pour écrire, tracer des traits ou hachurer des cases.
N.B. : ce ne sont pas des surligneurs ; si tu essayes de les utiliser comme tels, ce que tu as écrit au stylo va baver et l'encre abîmera tes feutres Tombow. Donc, avec du texte, il faut d'abord mettre la couleur avec le feutre, puis écrire par-dessus au stylo.

Les feutres à pointe pinceau PITT Artist Pens de Faber-Castell. Ces feutres, qui ont un B sur le bouchon, sont un peu plus fins que les Tombow, pour des traits moins épais et plus nets. Ils sont disponibles dans une large gamme de couleurs chouettes et modernes, ce qui est parfait pour les gens qui cherchent une teinte vraiment spécifique. (#220 « light indigo » est ma préférée ; je l'utilise dans mes plannings quotidiens.)

Les Mildliners de Zebra. Ils ressemblent à des surligneurs classiques, mais leurs couleurs sont beaucoup moins agressives. Zebra propose des couleurs fluo classiques et une gamme de couleurs traditionnelles. À la différence des feutres-pinceaux, tu peux les utiliser sur du texte (même si je te conseille de laisser l'encre sécher au moins 60 secondes avant de le faire). Deux choses qu'on ne remarque pas au premier abord : ils ont 2 extrémités, avec une pointe biseautée et l'autre fine, et ils sont appelés *mild*liners, pas *mid*liners. (Je les ai moi-même, comme beaucoup d'autres, appelés ainsi pendant des mois.)

Les surligneurs et marqueurs effaçables FriXion Light de Pilot. Actualité insolite du jour : les surligneurs et marqueurs effaçables existent ! Je n'étais pas très enthousiaste à l'idée de les utiliser (les stylos effaçables de ma jeunesse n'étaient pas géniaux), mais ils fonctionnent en fait très bien.

STYLOS, MARQUEURS ET SURLIGNEURS GRIS

Si tu préfères des couleurs douces ou un style plus minimaliste, le stylo ou marqueur gris est une sorte de saint graal. Après plusieurs essais et erreurs, j'ai trouvé des gris géniaux ; tu peux voir mes préférés sur la photo à droite.

MASKING TAPE

Il s'agit d'un papier collant japonais légèrement transparent qui est récemment devenu extrêmement populaire aux États-Unis. J'aime le Masking tape parce que c'est un moyen simple et propre d'ajouter des motifs et des couleurs à ton Bullet carnet si tu n'as

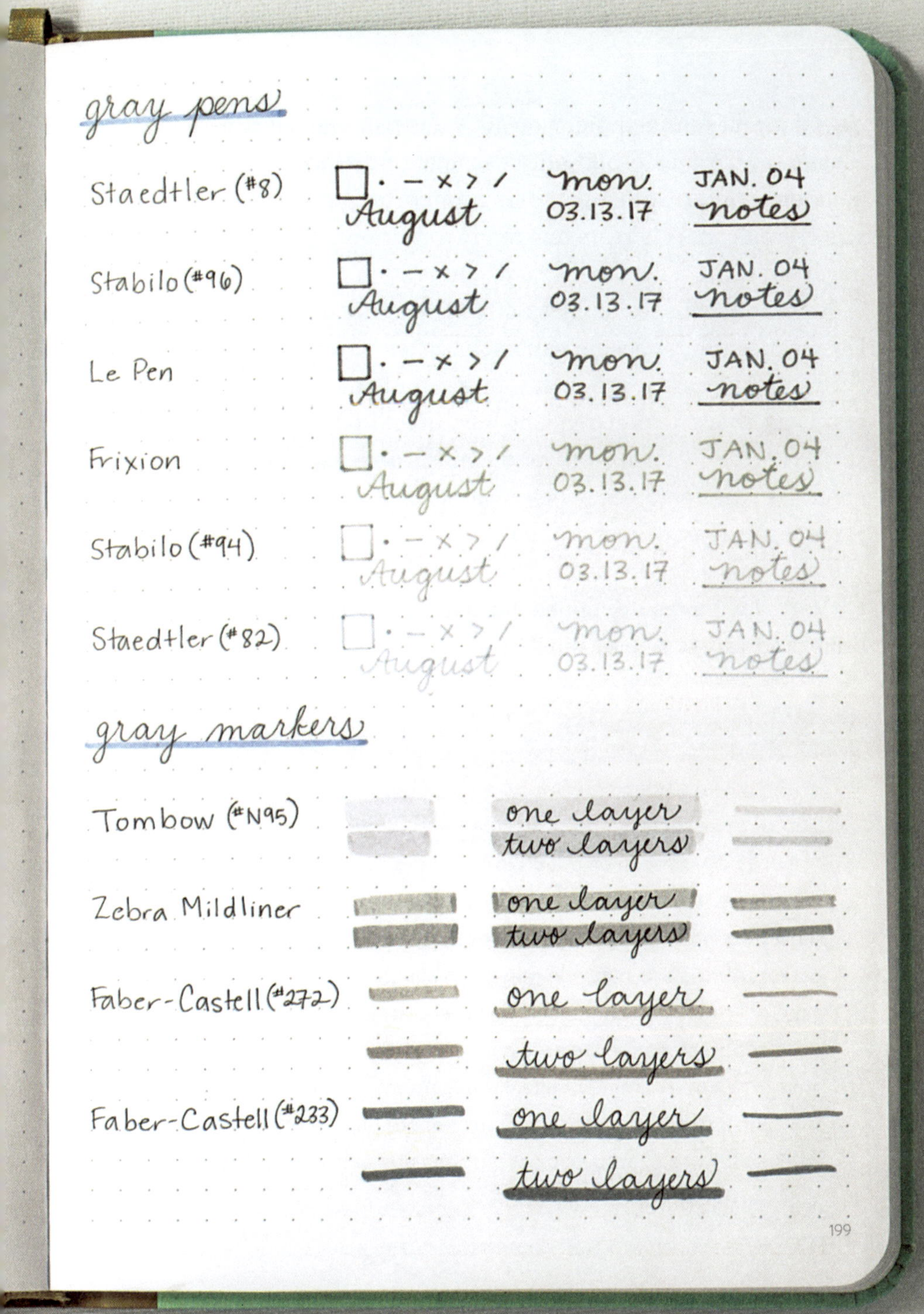
gray pens
Staedtler (#8)
Stabilo (#96)
Le Pen
Frixion
Stabilo (#94)
Staedtler (#82)
mon. 03.13.17 JAN. 04 notes August
gray markers
Tombow (#N95)
Zebra Mildliner
Faber-Castell (#272)
Faber-Castell (#233)
one layer
two layers

pas un grand sens artistique ou si tu n'as pas beaucoup de temps. Plusieurs marques proposent désormais du Masking tape et tu peux en acheter dans à peu près n'importe quel magasin de loisirs créatifs, mais je reste une fan inconditionnelle de la marque mt. Il est facile à détacher et à découper, il n'a pas de résidu sur le dessus qui colle les feuilles entre elles et tu peux le décoller ou le repositionner si besoin sans abîmer tes pages. Tu peux aussi écrire dessus assez facilement, et les couleurs disponibles sont vraiment chouettes (et rendent bien quand on les met les unes sur les autres). Tu peux utiliser du mt Masking tape extra fin pour créer des cases colorées et des séparations (tu n'auras plus à galérer avec une règle et un marqueur) ou pour mettre en évidence une semaine en particulier dans un planning, par exemple.

P.-S. : les boîtes d'iPhones vides sont exactement à la bonne taille pour ranger ton Masking tape.

L'un de mes secrets pour créer de jolies pages ? Je m'entraîne d'abord ! J'ai un cahier quadrillé bon marché que j'utilise pour tester mes stylos, en-têtes, styles d'écriture, couleurs et présentations pour ne rien mettre dans mon carnet que je finirai par détester (ou qui traverse le papier en abîmant le planning de la page précédente). En général, je crée aussi les plannings et les en-têtes au crayon à papier avant de les finaliser au stylo, juste pour être sûre d'aimer la taille, l'espacement, etc. Il arrive de se tromper, mais j'aime avoir un cahier séparé dans lequel j'expérimente et tente de nouveaux essais sans que cela me coûte une page dans mon carnet à 15 €.

MT01P304
MT01P302
MT01P303
MT01P311
MT01P312
MT01P305
MT01P306
MT01P307
MT01P308
MT01P309

ACCESSOIRES

Voici d'autres accessoires que je garde à portée de main pour me faciliter la tâche quand je fais mon Bullet carnet :

Une règle de 15 cm. Elle ne te coûtera que quelques euros et t'aidera énormément pour créer des présentations. Je préfère les règles en métal parce qu'elles sont assez plates et fines pour que je les glisse dans mon carnet.

Des pinces à dessin. Outre le fait qu'elles sont cool, ces pinces te permettent de garder ton carnet ouvert bien à plat sur ton bureau pendant que tu travailles.

Une bonne gomme. Si tu préfères esquisser les présentations d'abord au crayon à papier avant de les repasser au stylo, tu auras besoin d'une bonne gomme qui ne troue pas ta page et ne laisse pas de trace. P.-S. : si tu utilises souvent ta gomme, un pinceau de maquillage propre et neuf est un bon moyen de te débarrasser des pelures.

Une souris correctrice. Il arrive de se tromper ; j'aime bien corriger mes erreurs avec une souris (plutôt qu'avec du Blanco liquide) parce que le résultat est plus propre et que je n'ai pas à attendre que cela sèche.

Marque-pages à en-tête (en haut à droite). Il existe de nombreux marque-pages sur le marché, mais j'adore ceux en cuivre de chez Midori. Un seul risque : ils peuvent déchirer légèrement les pages, du coup je ne les utilise pas pour signaler mes pages quotidiennes ou même hebdomadaires ; je préfère les mettre sur des pages que je consulte régulièrement, mais qui ne changent pas souvent.

Post-it. Il y a tant de manières possibles d'utiliser les Post-it dans un Bullet carnet ; je les apprécie particulièrement pour les citations et pour noter les pensées (ou rêves) que je veux me rappeler

MIDORI MADE IN JAPAN
BRASS
this week
Radar
SEED
PLASTIC ERASER Light

d'ajouter à mon journal intime le soir. Je préfère des couleurs simples et douces (les collections Helsinki et Bali de la marque Post-it sont mes préférées), mais de très nombreux motifs, couleurs et formes sont disponibles sur Internet. Les sites MochiThings, JetPens et Kawaii Pen Shop sont très bien pour commencer[9].

Onglets séparateurs. Pendant longtemps, j'ai utilité plusieurs marque-pages dans mon Bullet carnet pour passer facilement de mon *tracker* mensuel à ma *to-do list* hebdomadaire, puis à mon planning quotidien. J'ai essayé d'utiliser des trombones pour marquer les pages, mais ils étaient trop épais, ne tenaient pas en place et abîmaient les pages. Puis j'ai découvert les onglets séparateurs qui se sont révélés être la meilleure solution. Ils sont fins comme du papier et s'enfilent facilement sur la page, mais restent bien en place. Ils donnent aussi la possibilité d'indiquer une ligne exacte dans ton carnet ou dans un livre, et remplacent ainsi trombones, marque-pages, Post-it et surligneurs. Étant donné qu'ils n'abîment pas les pages, tu peux en utiliser un sans tout esquinter sur ton passage. Tu peux acheter une boîte de 50 onglets séparateurs pour environ 10 €.

TITRES ET SÉPARATIONS

Je n'ai pas un sens artistique très développé, mais j'ai découvert quelques astuces pour faire semblant dans mon Bullet carnet. Sur la photo, tu peux voir quelques-unes de mes manières préférées d'écrire le titre et la date, et je te promets qu'elles sont toutes étonnamment faciles à réaliser ! Et ça vaut pour les lignes de séparation aussi. Mes préférées reposent sur une ligne droite, un style quasi infaillible (grâce aux pointillés et à la règle).

[9] Disponibles seulement en anglais. *(N.d.T.)*

mon.
04.17.17
(may 2017)
{tues JAN.10}
Aug 04
notes
tasks
january
notes

“

Quelle sorte de journal souhaiterais-je que soit le mien ?
Quelque chose à mailles larges mais pas négligé, si élastique
qu'il accueille tout ce qui me vient à l'esprit de solennel, léger ou beau.
Je voudrais qu'il ressemble à un vieux bureau profond
ou à un vaste sac fourre-tout, dans lequel on met un tas
de bric-à-brac sans y penser. J'aimerais revenir, après un an
ou deux, et m'apercevoir que le tout s'est organisé, affiné
de lui-même et a fusionné, comme ce genre de dépôt le fait souvent
si mystérieusement, en un moule assez transparent pour refléter
la lumière de notre vie, et pourtant en des composés stables
et paisibles, avec l'attitude hautaine d'une œuvre d'art.

VIRGINIA WOOLF dans son *Journal*, le 20 avril 1919

Cette nuit, on a tout fait. Ouaip, tout.

MOI, dans mon journal, le 22 novembre 2003

”

REMERCIEMENTS

C'est très étrange de remercier des gens pour leur aide sur un livre qui n'a pas encore été publié et pourrait donc s'avérer n'être qu'un rêve bizarre que j'ai fait, mais je crois que je vais quand même le faire et espérer que tout ça est bien réel.

Merci à ma mère et à ma grand-mère pour... littéralement tout, et à mes chers amis Julia L., Lauren, Dallas, Jessica, Jordan, Cara, Brett et Julia F. pour votre amitié, votre soutien, vos messages et vos mèmes.

Ce livre a commencé comme un petit post sur le site BuzzFeed et n'aurait pas été possible sans les encouragements sans faille de tous ceux qui y travaillent. Je suis particulièrement reconnaissante envers toutes mes « épouses de boulot » : Alanna, Julie, Jess, Rachel S., Rachel C. et Nicole. Vous avez fait de moi une meilleure écrivaine et un meilleur être humain, et vous m'empêchez de me ridiculiser sur Internet, ce que j'apprécie énormément.

Un grand merci en particulier à Anna Borges et à sa contribution charmante et approfondie sur l'utilisation du carnet pour améliorer sa santé mentale ; et à Nicole, mentionnée ci-dessus, pour m'avoir aidée à expliquer ce concept au public de BuzzFeed. Je voudrais également remercier Joan Strasbaugh et l'équipe de The Experiment pour avoir rendu ce livre possible.

J'envoie toute mon affection à mes amis (presque) imaginaires d'Internet, surtout Jessica Merchant de *How Sweet It Is*, car c'est avec l'article qu'elle a publié sur son blog que tout a commencé ; et à tous les gens, utilisateurs de Bullet carnet ou pas, qui me tiennent compagnie sur le Net depuis si longtemps.

Et pour finir, à tous les garçons/hommes qui m'inspirent tant de paragraphes de journal intime depuis vingt ans : merci. Je n'aurais pas pu remplir toutes ces pages sans vous.

À PROPOS DE L'AUTEUR

RACHEL WILKERSON MILLER est une des rédactrices principales de BuzzFeed à New York pour la partie « Lifestyle ». Après avoir obtenu un diplôme à l'université d'État du Michigan, son premier poste a été au magazine *ELLE* ; elle a écrit dans *The Hairpin, Huffington Post, The Knot*, le magazine *SHAPE* et *A Practical Wedding*. Elle préfère ne pas parler d'elle-même à la troisième personne, mais sais très bien que c'est comme ça que ça marche.

Crédits (couverture) : © Shutterstock
Édité par Hachette Livre
(58, rue Jean-Bleuzen, 92178 Vanves Cedex)
Imprimé par Cayfosa en Espagne pour le compte des éditions Marabout
Dépôt légal : octobre 2017
ISBN : 978-2-501-12312-9
70.0084.4